天皇のイングリッシュ

保阪正康

廣済堂新書

まえがき

今上《きんじょう》天皇（明仁天皇）は「戦後七十年」（平成二十七・二〇一五年）の二年ほど前から、ご自分の考えを鮮明にしてご発言するようになっている。そうなさる理由については、これまでのご自分の人生を振り返るなかで、天皇としてどのようになすべきであったのか、その来《こ》し方を顧みながら、何か言い足りないこと、あるいは言い残しておきたいことがあるからではないだろうか。

もっとも典型的なのは、太平洋戦争についてのお言葉である。戦争の犠牲となった霊を慰める意が込められているのはむろんだが、その反省のお言葉は徹底している。陛下は平成という時代の服を着てはいるけれども、そのお心の中は昭和という時代の清算、あるいは昭和という時代に起きた戦争の犠牲者に対する追悼・慰霊を当然の義務と自らに課して、「二度と戦争を起こしてはならない」という強い主張を国民に、あるいは時代の者に訴えておられるのだろう。

戦争を起こしてはいけない、あのような戦争は二度とあってはならないというのは、単なる個人的な感情ではなくて、やはりそこに一つの思想、ないしは時代のなかで培ってきた天皇独自のお考えがあるように思う。

私は、近代日本の天皇は孝明天皇以降、明治天皇も、大正天皇も、そして昭和天皇の時代に至るまで、すべて「国体」の下に「政体」が位置していたと理解している。国体とはすなわち天皇制のこと。その下にあった政体とは、つまり軍事主導による国家体制、いわゆる「軍国主義国家」である。

しかし、戦争に敗れ、ＧＨＱ（連合国軍最高司令官総司令部）による新しい占領政策を受けて日本は民主主義体制の時代に入った。戦後の新しい政体は国民の合議によって政治選択をするシステムだから、国体と政体は切り離されることになったわけだ。

つまり、これまで主従の関係にあった「国体」と「政体」は、敗戦とともに解消されたのだ。ところが昭和天皇は、戦後の民主主義という政体を強く望みはしたものの、依然として国体の下に政体がある、つまり天皇の下に戦後民主主義体制があるという捉え方をされていた。天皇が主権者である「大日本帝国憲法」ならば、政体が国体の下に位置してもおかしくないが、昭和天皇はそういう考え方を新憲法が公布された戦後になっても捨てることができなかったというべきであろう。

しかし今上天皇は、そういった先帝（昭和天皇）の考え方を完全に逆転させた。つまり、「政体の下に国体がある」というふうに捉えている。まず最初に戦後民主主義体制というものがあり、それを支える新憲法があって、その枠内に「私」がいることを、ことあるたびに常に表明し続けているのだ。たとえば天皇即位後の朝見の儀（平成元年一月九日）では次のような言葉で締めくくっている。

「ここに、皇位を継承するに当たり、大行《たいこう》天皇（昭和天皇の意）の御遺徳に深く思いをいたし、いかなるときも国民とともにあることを念願された御心を心としつつ、皆さんとともに日本国憲法を守り、これに従って責務を果たすことを誓い、国運の一層の進展と世界の平和、人類福祉の増進を切に希望してやみません」（傍点註記筆者）

つまり、国民とともに今の憲法を遵守すると決意宣言し、誰にも増して強い意思で憲法の精神を強調している。そして民主主義体制という政体の下に天皇制が置かれていることを初めて明確にしたのが、今の天皇である。前述のように、これは近代皇室の歴史における革命的な変革なのだ。

今上天皇のお気持ちをさらにもう一歩踏み込んで考えてみると、実は政体の隣に国体がある、並列の関係だと思っておられるのではないだろうか。それはつまり、民主主義体制に強い信頼感を持っている陛下だからこそ、この体制とともに二人三脚のような形で歩みたいと仰《おっしゃ》っているのだと思う。

そこが昭和天皇と大きく異なるところである。

このような陛下の考え方というのは、日常の中で、私たちはなかなか気づくことはないが、天皇に即位してからのメッセージを丹念に読んでいくと、その強い思いを感じることができる。「平成」という新時代にありながらその心の内は、昭和の戦争を克服し、民主主義体制というものをきちんと受け入れ、今後も継承し続けるのだという決意表明ではないだろうか。

そのようなお気持ちがより具体的な言葉となるのは、戦地となった内外各地に皇后陛下とともに追悼と慰霊の旅にお出かけになるときである。平成十七年（二〇〇五）六月にはサイパンに、また平成二十七年四月にはパラオにも出向かれた。沖縄にはこれまで十回も訪れている。

そこにあるのは、あの戦争犠牲者の追悼と慰霊を永続的に続けることにより、自らの代で太平洋戦争をきちんと清算しておこうというお気持ちだろう。

天皇は皇太子時代の昭和五十六年（一九八一）八月七日の記者会見で、「日本人にとって忘れてはならない四つの日がある」と述べた。

その「四つの大切な日」とは、「六月二十三日の沖縄戦終結の日」、「八月六日の広島原爆の日」、「八月九日の長崎原爆の日」、そして「昭和天皇が玉音放送した八月十五日」である。そしてそれら四つの日に、天皇は皇居で静かに祈りの時を過ごされるのだと付け加える。大量殺戮を伴う総力戦が先の大戦だった。その犠牲になった人たちへの強い思いがあるということを語っておられるが、こういった天皇の言葉は随所で聞かれる。

それらの言葉を総合していくと、戦後民主主義体制の根幹にあるのは、太平洋戦争への徹底した反省であり、太平洋戦争で亡くなった人たちへの、敵味方を超えた追悼の真摯な気持ちなのである。

平成十七年（二〇〇五）六月のサイパン訪問時には、日本兵の墓標だけではなく、アメリカ兵、朝鮮兵、そして現地の人の御霊《みたま》へも、あらゆる墓標に向かって瞑目され、祈りを捧げていた。四月のパラオ訪問にしてもそうである。宿泊施設のない島に高齢をおしてご訪問をされているところに、天皇、皇后の追悼慰霊にかける切実な気持ちがよく表れていると思う。それは歴史的な視点で自らの処し方をお考えになっているという意味にもなる。

もう一つ、より顕著な例を挙げるならば、終戦から七十年という節目の平成二十七年、天皇は新年のご感想の最後で次のように述べ、メディアでも大きく取りあげられた。

「この機会に、満州事変に始まるこの戦争の歴史を十分に学び、今後の日本のあり方を考えていくことが、今、極めて大切なことだと思っています」（傍点筆者）

このお言葉が世間の驚きをもって受け止められたのは、ことさら「満州事変に始まる」と、より具体的に「軍国主義国家」の起点について語られたからである。これまでの一般的な「あの戦争」から一転したこの「満州事変」という固有名詞は、一部の「左翼系」の人たちがよく使う「日本の十五年戦争」の最初の戦いをも指すため、右派系の人たちは「具体的なお言葉にすべきではなかった」と反撥している。左派系の人たちはむしろこのお言葉によって昭和の戦争全般に強い反省の意思をお持ちに違いないと感じたようだが、私はそのどちらでもないと思う。それほど単純ではないのである。

満州事変当時は、昭和天皇は中国大陸における日本軍の軍事行動を「拡大してはならない」と強く望んだにもかかわらず、軍部は結果的にそれを破って次々と戦線を拡げていった。それが満洲国建国、そしてやがては日中戦争になり、後戻りのできない太平洋戦争へと破滅の道を歩んでゆくことになる。

天皇があえてその「満州事変」の名称を挙げたのは、軍事的な膨張を嫌悪する昭和天皇の願いに耳を貸さなかった軍部の横暴さが、まさにその戦いから始まったのだということをよく考えてください、という切なるメッセージではないかと私は思う。昭和天皇の苦衷《くちゅう》を知ってくださいとの呼びかけと考えるべきなのである。

その後もいくつかの式典でお言葉を述べられているが、いずれも戦後七十年を迎えた平成二十七年を意識して述べられたことを思うと、「満州事変に始まる」という信念のお言葉に収斂できる。すなわち天皇の戦争観は、私たちが考えている以上に深く、歴史の本質に根を張っているのである。

そのような今上天皇の考え方の骨格となるものは何かと考えたとき、そこには私たちがよく右翼とか左翼とかの言葉でより分けるような「政治思想」などではなく、自分が帝王学の中で学んだ、ごく常識的な理解というものがあるのだろう。

もっといえばその根幹にあるのは「人間として」の常識である。今上天皇は常にその「人間として」、を基礎に据えて昭和という時代を振り返っているのだ。

この書では、まさにその「人間として」という根幹の部分が今上天皇の中でどのように形成されていったのかを見ていくことになるのだが、その大きな要素として四つほどあるのではないかと私は考えている。

第一に、英語教師のヴァイニング夫人の教育がある。これはこの書の主題でもあるのだが、非戦主義のクエーカー教徒である彼女の存在が、今上天皇のその後に一定の影響を与えていることが見てとれる。

二つ目の重要な要素としては、天皇自らが求めた深い学びである。

当時皇太子だった天皇は、その後、相当数の昭和史の基礎文献を読んで太平洋戦争に至る経緯を勉強されたといわれている。その結果分かったことが、先帝は戦争を望んでいなかったにもかかわらず、軍部がそれを押し切ったという事実である。それらの「勉強」によって、天皇の今の強い自省につながっていったのだろう。

三つ目の要素としては、やはり民間から嫁してきた皇后陛下によって一般国民の空気というものを知っていく。今上天皇はその空気に触れて、単に宮中の中でのみ物事を考えているのではなく、一般国民が何を考えているのかということについて、美智子皇后を回路としながら学び、理解を深めていったのだと思う。

最後の重要な要素として、やはり今上天皇の後見人ともいえる小泉信三（元慶應義塾塾長）の存在を挙げるべきだろう。

小泉の著書によれば、皇太子が太平洋戦争を学ばれたのは、「先帝はなぜ戦争という選択をしたのか」という父への強い不満からだったのだが、このとき小泉は今上天皇に対し、「様々な資料を読んで先帝のお心持ちを理解しなさい」と助言している。それが先の学びのきっかけになっていくのである。

「自由と責任」という基本的な骨格をもっている小泉流の民主主義――。その小泉やヴァイニング夫人などを良き師として天皇独自の思想が形成されていったのではないかと、私は思うのだ。

本書では、こういった要素によって天皇の思想やものの考えが形成されていく中で、これまで大まかにしか検証されていなかったヴァイニング夫人による教育が、具体的にどのような形で行われたのか、とくに英語教育の中で用いられた副読本を改めて検証してみようと思う。

もちろん、ヴァイニング夫人の教えだけで今の天皇の思想ができあがったわけではないし、その教えに天皇が百パーセント共鳴していたわけでもない。そういう受け止め方は天皇に対して非礼のようにも思える。

しかし私は今回あらためて様々な副読本にあたり、陛下のご発言を振り返って分かったことがある。それは、天皇が多感な少年期に接したエリザベス・ジャネット・グレイ・ヴァイニングという米国人女性による英語教育と、そこに付随してもたらされた「民主主義」というものが、平成の明仁天皇に元より備わっていた能力を刺激し、その考えを深め、それがいま見事に開花しているのだと、私は受け止めている。

Now it was the Crown Prince's turn. I waited for the prepared speech. But Prince Akihito had a mind of his own. "Thank you for the candy," he said.

He was twelve years old then, a lovable-looking small boy, round-faced and solemn but with a flicker of humor in his eyes. He wore the dark blue uniform of all Japanese schoolboys, long trousers, a jacket high in the neck and hooked down the front under a line braid. At the collar was the mark of his school, a small silver cherry blossom. Like all Japanese schoolboys, his head was shaven close to the scalp; his short black fur of hair was glistening and his skull was well shaped, without the bumps and hollows that make this haircut so unbecoming to many boys.

The Emperor waved his hand to indicate a chair to me and we all sat down.

「Windows For The Crown Prince」

Elizabeth Gray Vining

次は皇太子があいさつをする番だった。わたしは彼が、あらかじめ考えた短い言葉をかけてくるだろうと思って待っていたが、プリンス・アキヒトには彼なりの考えがあった。「キャンディーをありがとうございました」と言った。

彼は十二歳で、その丸顔はまじめそうだったが、瞳にいたずらっ子らしいところもちらりと見える、愛らしい小柄な少年だった。着ていたのは日本の学校の一般的な紺色の制服で、長ズボンに真田の縁取りがついている前開きの詰襟の上着だった。襟には銀の桜、学習院の校章をつけていた。他の生徒と同じように頭はかなり短く刈っていた。短くされていても、髪には漆黒の輝きがあり、形のいい頭だった。こんなに短い髪型は、頭がいびつだとひどくみっともなく見えるのだが。

天皇はわたしに座るように手で示し、全員が着席した。

『皇太子の窓』

（エリザベス・グレイ・ヴァイニング著）

より引用（生野象子訳）

昭和二十四年、学習院中等科の卒業写真
安倍能成院長の右が天皇、左がヴァイニング夫人。

天皇のイングリッシュ

目次

第三章　新時代の皇太子教育――マッカーサーの口頭試問

第四章　ヴァイニングは何を教えたか――様々な英語副読本

英文翻訳・生野象子（出典を明示した和書を除く）

1章

昭和天皇とヴァイニング夫人

——家庭教師を招請した先帝の真意

玉音放送から始まった民主化

昭和二十年（一九四五）八月十五日。昭和天皇は宮内省の政務室で自身の声によって語られた「玉音放送」を聞いた。放送が終わるやいなや、侍従の部屋に通じる呼び出しボタンを押して、ある侍従を招じ入れた。そしてこう尋ねた。

「今の放送はどうだったか。日本の社会で何か不穏な動きはないか調べてくれ」

天皇にこう命ぜられた侍従の岡部長章《ながあきら》は、その意を受けすぐさま朝日新聞社長で実兄の村山長挙《ながたか》（後に社主）の元に駆けつけた。

朝日新聞本社六階の講堂では、大勢の社員が玉音放送を聞き終わったばかりで、村山は社員に向けて日本の敗戦を嘆き、涙声で訓示していたという。岡部は自らの著書（『ある侍従の回想記』）で朝日新聞社内のそんな様子に驚いている。

岡部は兄に対して、「どこかで不穏なニュースは入っていないだろうか」と陛下と同じ質問を投げた。村山はすぐさま全国の地方支局に連絡を取って騒動などが起きていないか調べさせ、事件など何も起きていないことを天皇に報告するよう伝えた。当時、玉音放送の内容をよく理解していない国民も多かったのだが、日本人は昭和天皇の言葉によっておおむね敗戦を受け入れたようだった。

宮内省にとって返した岡部は、天皇のもとへ行き、「全国的に何も問題はありません。落ちついた状態です」と報告すると、陛下は「そうか」と言って、何事もなかったように書類をひろげ、政務を続けたという。

岡部は敗戦直後の天皇を最初に目撃した侍従である。その著者の中で、天皇には戦争に負けた悲しさなどはもちろんあるのだろうけれども、なにかほっとした様子で日常の執務に戻ったと書いている。

昭和天皇は、早くから戦争を収めたいと思っていたが、御前会議（八月十日）でようやく敗戦を受け入れる聖断を下すことができた。岡部の回想記が語るのは、玉音放送を終えた時点ですでに天皇は終戦後のことに考えが及んでおり、「これからどうやって米国に対応していこうか」と、その先のことに目が向いていた様子が窺われる。

当初は天皇はこの、「どう対処すべきか」ということを、天皇の補佐役である内大臣の木戸幸一や、宮内大臣の松平慶民《よしたみ》に相談しているが、ポツダム宣言の受諾を表明したばかりで、米国による戦争責任追及がどのように推移するのか皆目見当がつかない時期だ。『木戸幸一日記』によれば、玉音放送から二週間後の八月二十九日、天皇は次のような意味の発言を行っている。

「戦争責任者を連合国軍に引き渡すのは苦痛だから、自分一人が責任をとり、退位することで収めることはできないか」

この天皇の気持ちを早計に感じた木戸は、こう答えた。

「退位を申し出ても連合国の追及は免れず、かえって天皇制批判や共和制論を誘発する恐れがあるから、相手の出方も見て慎重にお考えになるべきでしょう」

このとき天皇は、自身が戦争犯罪人として訴追されるのは不可避と考えていた。というのも、ポツダム宣言の第十項には、「一切ノ戦争犯罪人ニ対シテハ厳重ナル処罰加ヘラルヘシ」（外務省訳）とあるからだ。

さらにこの第十項には、「言論及宗教思想の自由」と「基本的人権の尊重」が次のような文章によって謳われている。

「日本国政府ハ日本国国民ノ間ニ於ケル民主主義的傾向ノ復活強化ニ対スル一切ノ障礙《しょうがい》

ヲ除去スヘシ言論、宗教及思想ノ自由並ニ基本的人権ノ尊重ハ確立セラルヘシ」

そしてポツダム宣言の第十二項には占領を終わらせる時期はそれらを実現した後のことにするとし、こう書かれてある。

「前記諸目的カ達成セラレ且日本国国民ノ自由ニ表明セル意思ニ従ヒ平和的傾向ヲ有シ且責任アル政府カ樹立セラルルニ於テハ聯合国ノ占領軍ハ直ニ日本国ヨリ撤収セラルヘシ」

「主権在民」による日本政府が誕生した暁に我々は占領を解くということだ。

天皇はこれら第十項と第十二項を強く気にかけている。そして、戦争裁判による過去の一切の清算と、民主主義体制への移行はセットになっていると考えていたことが推察できる。

天皇がマッカーサー元帥と初めて会ったのは一九四五年九月二十七日のことだった。アメリカ大使館内の公邸におけるわずか三十七分間の会談内容は非公開だが、同席した関係者による証言など諸説あるなかで有力だったのが、終戦から十年後に明らかになった天皇の次の発言だとされてきた。これは元外相の重光葵《まもる》がマッカーサーから直に聞いた内容である。

「私は、日本の戦争遂行に伴ういかなることにも、また事件にも全責任をとります。また私は日本の名においてなされたすべての軍事指揮官、軍人および政治家の行為に対しても直接に責任を負います。自分自身の運命について貴下の判断が如何様のものであろうとも、それは自分には問題ではない。構わずに総ての事を進めていただきたい。私は全責任を負います」（重光葵の寄稿文より。昭和三十年九月十四日付読売新聞）

この重光の一文は、マッカーサーの回想記に書いてある内容とほぼ同じである。天皇は、潔く自らの身を勝者にさしだしたといわれてきた。

GHQからは、会談後に天皇とマッカーサーが横に並んだ写真が配信されたのだが、日本の新聞は掲載に躊躇した。なにしろ長身のマッカーサーは腰に手を当て、その横に小柄な天皇が怯えたように立っているかに見える構図だったから、これは不敬罪になるのではと恐れたのだ。

ところが欧米のメディアがこの写真をその日のうちに掲載すると、二日後の九月二十九日になって、日本の新聞もこれを引用する形で一斉に写真掲載に踏み切った。当時の内務省はこれに怒って発行した新聞を発禁処分にすると、GHQの将校たちは逆にその処分を下した内務大臣の山崎巌を罷免し、各紙への発禁処分を取り消した。そして「言論の自由、報道の自由を認める」と改めて表明した。

GHQはこの事件を突破口とし、十月四日に「日本民主化政策の基本方針」を発表していく。これは戦前の軍事主導体制を根本から変えようとするもので、「教育制度の改革」、「財閥の解体」、「地主制度の廃止」、「国家神道の無効化」、「言論自由弾圧立法の撤廃」といった内容を含んでいた。確かに日本の旧弊とされるすべての枠組みを取り払う内容である。

アメリカによるこの改革の狙いを端的に言えば、国民の位置づけを、これまでの「臣民」から「市民（シビリアン）」に変え、民主主義国家の基盤にすることだ。この基本方針を発表して以降、GHQは日本の教育を劇的に変えるべく、民主化に向けて様々な方針を打ち出す。

教育を変えるには二つの方法がある。

一つは教えている内容を徹底的に変えてしまうことだ。文部省はGHQの正式通達が来る前から、教科書改訂の地ならしとして、自主的に教科書の内容を変えている。たとえば日本の神話からできている日本史の記述や、軍国主義的な内容をすべて墨塗りにした。GHQが新教科書の方針を示し、旧体制下で作成された教科書の使用を禁じたのは昭和二十一年四月のことである。

教育改革のもう一つの方法は、学制の再編だ。それまで日本は尋常小学校、高等小学校、それに四年制と二年制の旧制中学、専門学校と複雑に分かれていた。GHQはこの煩雑な制度こそ日本人のエリートを作る曲がった教育制度ではなかったのかと考え、学制の再編成に向け作業に着手する。

昭和二十二年四月からスタートすることになるこの新制度は、その間様々な諮問にかけられているが、「新学制」の基本計画を策定したのは米国の教育専門家集団だった。昭和二十一年三月から五月までの間、マッカーサーは米国から教育使節団を呼んだ。この二十七人の教育専門家によって構成される「第一次米国対日教育使節団」の団長は、ニューヨーク州の教育長官で心理・教育学の学位を持つジョージ・D・ストダードで、帰国後はイリノイ大学の学長に就任する予定だった。

ストダードらは来日するとすぐ、二週間にわたって日本国中を丹念に歩いて、日本側の教育専門家とディスカッションを重ね、帰国前に新しい教育制度に関する報告書を作成した。その報告書のなかで提言されているのが、「六・三・三制」、つまり小学校六年、中学校三年、高校三年という制度で、その後日本側が手を加え、大学を四年制にしぼって「六・三・三・四制」となった。この「単線型」と呼ばれるシンプルな学制の骨格はGHQの了解も得て現在に至るのだが、大切なのはその教育の中身である。

教科書の中身を変えて、さてどういう教育内容にするかその方針について、文部省はストダードの報告書が提出される一ヵ月前の昭和二十一年三月から協議を重ねるのだが、これに際してGHQ側は次の点をとくに要求をする。

○国際的に通用する人民の養成
○偏狭なナショナリズムを伴った軍国主義教育の撤廃

文部省はこの要求に従い、「国際的な視野を持つ日本人を育てる」という方向に進んでゆくことになる。

米国人教師は非戦主義

さて、ストダードは帰国前の三月二十七日に、何人かの団員とともに天皇と会談している。この席で天皇は日本の教育改革に尽力する彼らに謝意を述べた後、こう言った。

「私としては、皇太子の教育にアメリカ人の教育者をつけたい。英語を教えてもらい、アメリカのいろいろな、宗教的なことや民主主義のことを教えてもらいたいので、然るべき人物を推薦してほしい」

ストダードらは天皇からのこの申し出を了解し、皇太子のもとに米国から教師を派遣することを約束した。これが後にヴァイニング夫人を招請するきっかけとなった。GHQによって押しつけられたように言われるヴァイニング夫人の存在だが、昭和天皇の側から依頼したというのが正しい経緯であって、決して強要されたわけではなかった。

さらに付け加えるならば、昭和天皇が望んでいたのはあくまでも英語の家庭教師（チューター）であって、皇太子の人間教育や帝王教育を依頼するつもりはまったくなく、自らがこの英語教師をコントロールしようと考えていたように思われるのである。
ストダードたちは米国に帰ると、さっそくアメリカの新聞で各方面にあたり、日本のプリンス教育に相応しい人物の募集をかけた。応募者総数は六百名といわれ、その中から絞られた三人のなかに、クエーカー教徒でもあるエリザベス・ジャネット・グレイ・ヴァイニング夫人がいた。

ヴァイニング夫人が日本に滞在したのは昭和二十一年十月から二十五年十二月までの四年間だ。夫人は帰国後の昭和二十七年（五二）に著した『Windows for the crown prince』（『皇太子の窓』小泉一郎訳、文藝春秋新社五三年刊）で、日本で過ごした日々の出来ごとを、皇太子である明仁親王との交流を中心に、昭和天皇との会話や、気さくに接する皇族の人々の様子を描いている。当時の人気ミュージカル『王様と私』を地で行くような内容に、この本は米国で発売になるとたちまちベストセラーとなった。

この『皇太子の窓』には、来日までの詳しい経緯も書かれている。

一九〇二年にペンシルベニア州フィラデルフィアで生まれたヴァイニング夫人は、ジャーマンタウン・フレンズ・スクールに学び、プリンス・モア女子大を経てドレクセル・インスティテュートで図書館学の学位を取り、ノースカロライナ大学チャペルヒル校で図書館司書となった。青少年向けの小説を手がける児童作家でもあった。その後この大学のモーガン・ヴァイニングと結婚したが、結婚生活四年八ヵ月で自動車事故に遭遇し夫は死亡する。自らも怪我を負い、彼女はその療養中の一九三四年にクエーカー教に入信した。そして、それ以後亡くなるまで独身を貫いている。

キリスト教の一派である「クエーカー教」(友会徒=フレンズ)は、一七世紀半ばに英イングランドで立ち上がった宗教教団で、「質素」「平等」、そして「平和主義」がモットーで、国際間の摩擦や誤解を「非軍事」の手段で解決することを信念としている。そもそもスコットランドから移住したクエーカー教徒を先祖に持つ彼女は、一九四五年の太平洋戦争終結後から「アメリカ・フレンズ奉仕団」の広報部で信徒向けの報告書や論文を執筆する仕事をしていた。

その彼女のもとに降ってきたのが、訪日の話である。フレンズ奉仕団の幹部から、「日本の皇太子の家庭教師候補として、あなたの名をあげてもかまいませんか」と問われたヴァイニング夫人は、次のように返事している。

「友会徒の人々が私がお役に立つと考えるなら、私の名を候補者としてあげることをこばみはしないけれど、皇太子の家庭教師としての仕事を得るために自分で指一本でも動かすのはごめんこうむる」（『皇太子の窓』。現文春学藝文庫。以下引用は文庫版による）

さらには、「実現しないようにと心から願っている」と日記に書いたというほどで、彼女は訪日について初めは極めて消極的だった。ヴァイニング夫人は当時四十三歳。訪日は自らの意思とは別のところで、他動的に決まったのだ。

この敬虔なクエーカー教徒が明仁親王の教師として選ばれたのはアメリカ政府の意向もあるだろう。日本に二度と戦争をさせないためには、政治色の強い他のキリスト教信者より、徹底して反戦的、非戦的なクエーカー教徒を送った方が好都合だという判断である。

非戦主義のクエーカー教徒を象徴する逸話は幾つかある。

日本海軍が真珠湾奇襲作戦を行ったあと、米議会はすぐさま第二次世界大戦への参戦を決議したのだが、四百人以上いる上下両院議員のうち、このときたった一人だけ反対票を投じたのが、クエーカー教徒の女性議員だった。相手が日本だからということではなく、どんな形でも戦争に反対するというクエーカー教の教義に忠実だったのだろうが、彼女は米国中から批判罵倒されている。ともかくヴァイニング夫人が信じるクエーカー教というのはそういう宗教団体なのだ。

ヴァイニング夫人は日本に赴く気持ちを『皇太子の窓』にこう記している。

私は、平和と和解のために献身したいという願いも強かった。日本が新憲法において戦争を放棄したことは、私にはきわめて意義深いことに思われた。平和のために一切を賭けようとしている日本の人々にはげましを与え、それからまた、永続的な平和の基礎となるべき自由と正義と善意との理想を、成長期にある皇太子殿下に示す絶好の機会が、いま眼の前にあるのだ。

ヴァイニング夫人が船で横浜港に到着したのは、昭和二十一年（一九四六）十月十五日の午後三時ごろのことだった。このときすでに彼女には皇太子の教師としての心構えは定まっており、日本に関することもかなり勉強して予備知識を得ている。

夫人は宮内大臣の松平慶民との間で契約書を取り交わしていた。給与は年二千ドルだが、このほかに付帯条件として、家賃、自動車代、食費、洗濯代、使用人（秘書を含む）の支払いなど一切の生活費と日本国内の旅行費用、さらには帰国の際の渡航費なども日本側が負担する内容だった。

たしかに終戦直後の日本の庶民の暮らしぶりからはかけ離れていたが、彼女は贅沢な生活を望んでいたのではなかった。彼女の著書によれば、契約書には次のような文言があったという。

「前者（皇室）が後者（私）に与える生活程度は、聯合国軍最高司令官総司令部の認可を得て日本へ入国した者として、後者の品位を傷つけないものたるべきこと」

これは日本の皇太子を教える立場としてのプライドを維持できるだけの生活水準を保証するものだったが、戦勝国からやってきたという現実を突きつけられたヴァイニング夫人は、こうした待遇が終始重荷で仕方がなかったとも告白している。

一方、宮内省側からの要求は二つあり、一つは皇太子に英語の個人授業を週一時間行うこと。もう一つは、学習院、女子学習院でも英語を教え、皇太子や内親王を含めて皇室の子女の英語力を高めること、という条件だった。

『昭和天皇実録』のヴァイニング選定経緯

多くの候補からヴァイニング夫人が選抜されるにあたって、日本側は意見を求められてはいないが、どのような経歴や宗教をもつかなどは事前に書面で知らされている。昭和天皇はその履歴書に目を通してはいるものの、「アメリカが推してきた人物ならそれでよい」というお考えで、その詳細に立ち入ろうとはしていない。

履歴書を見て太鼓判を押したのは宮内大臣の松平慶民だった。ヴァイニング夫人がクエーカー教徒であることを知り、「この人だったら、皇太子殿下にきちんとした教育をしてくれるだろう」と天皇に感想を述べている。

ヴァイニング夫人の家庭教師決定経緯は、『昭和天皇実録』の昭和二十一年七月九日に記述されている。以下のようにである。長くなるが引用する。

午前、内廷庁舎御政務室において宮内大臣松平慶民に謁を賜い、皇太子の家庭教師として、エリザベス・グレイ・ヴァイニングを推薦する旨の奏上を受けられる。これについては去る三月二十七日の米国教育使節団謁見の折、天皇は皇太子の家庭教師の推薦を同団団長ジョージ・D・スタッダードに御依頼になる。スタッダードは六月十九日付でヴァイニング及びもう一名の米国人女性の候補者の推薦状を聯合国最高司令部民間情報教育局長ドナルド・ロス・ニュージェント、及び宮内省御用掛寺崎英成に送付し、七月五日に両名の推薦状及び履歴書が宮内省に達する。これにつき銓衡《せんこう》を任された学習院長山梨勝之進はヴァイニングを選出し、また昨八日には東宮侍従長穂積重遠《しげとお》東宮大夫・東宮侍従角倉志朗・東宮掛学問主管野村行一宮内省御用掛も協議を行い、ヴァイニングを可とする旨に意見が一致し、この日の奏上に至る。このことについては翌十日午前、山梨よりも奏上を受けられる。その後八月七日には、ヴァイニングに決定のことが通知され、同月二十六日に米国において国務次官補ウィリアム・バ
ーネット・ベントンより、ヴァイニングが皇太子の家庭教師に選ばれた旨が発表される。

ヴァイニング夫人のほかのもう一人は、ハワイ大学博士の称号をもつチャップリン夫人だが、天皇周辺はクエーカー教徒のゆえに全員がヴァイニング夫人を推している。天皇もそれを納得したのである。

松平の推薦も大きかったのだが、ヴァイニング夫人の経歴を見ての判断は彼が英国に留学していることにもよる。この松平だけではなく、天皇周辺の側近は、英国、米国への留学経験を持っている。松平は英国のオックスフォード大学で、また昭和天皇が頼りにしていた牧野伸顕《のぶあき》（親英米派の政治家で元重臣、吉田茂の岳父）も米国留学の経験があるなど、彼らは英語が達者というだけではなく、欧米の市民的な社会規範を身につけ、倫理観や思想を充分に備えていた。

つまり、このように日本の天皇周辺にいる知的レベルの高い人たちが、ヴァイニング夫人を取り囲むようにして一つの知的空間をつくっていった。こういった人々が存在することにヴァイニングは驚き、歓迎している。そしてそれが彼女のさらなる使命感をかきたてる一因となっていったのだと思う。

ヴァイニング夫人は来日直後からマッカーサー元帥とたびたび面談している。皇太子への教育方針を伝える意味もあったが、そうする中で彼女が覚ったことがある。それは日本は米国に占領されている国家であるけれども、それは戦後の一形態であり、日本という国へ「民主主義」という思想、考え方、そのシステムを導入する手伝いをする、自分はそのための大きな役割を果たす役目があるのだという自覚である。

マッカーサーの発言の中で次の有名な言葉がある。この言葉は、マッカーサーの側近たちに、あるいは日本の要人たちにしばしば漏らしたといわれている。

「私は日本へたしかに軍司令官として来たけれども、私は征服者として名前を残したくない。教育者、あるいは民主主義の伝道者として歴史の中に名を残したい」

もっともこの点について、マッカーサーは自らの回想記では次のように書いている。

「私が一貫して、時には自分の代表する諸大国に反対してまでも日本国民を公正に取り扱うことを強調していることがわかってくるにつれて、日本国民は私を征服者ではなく保護者とみなし始めた」（『マッカーサー回想記』）

こういう言葉をヴァイニングは聞かされ、また影響されているだろう。自分は征服者としてこの日本の君主や国民に対して強権的に振る舞うのではなく、二度と戦争をしないという考え方のもと、民主主義を教えていくのだと言いたいのだろう。

昭和天皇が望んだ〝宮中革命〟

ヴァイニング夫人が天皇皇后ご夫妻に初めて会ったのは、来日三日目の昭和二十一年十月十七日のこと。皇居内の御文庫（旧大本営防空壕）においてである。このときの両陛下の印象を、彼女は著書の中で次のように書いている。

「天皇はきわめて質素に、紳士的に歓待してくれた。皇后はそのそばにいてにこやかにしていた」

このとき天皇はヴァイニングにこう伝えたとされる。

「皇太子はまだ十三歳で、いま中学生で、これからいろんなことを覚えていく。できれば国際的な視野をもって、戦争の反省を踏まえて、アメリカのいいところを教えてもらいたいのだ」

陛下からのこうしたお言葉に、ヴァイニング夫人はひどく好感を抱いた。米国ではまるで独裁者のように言われているが、目の前にいる天皇は質素でおだやか、そして紳士的だった。このような人の子供であるなら、私は自信を持って教育の役を果たすことができるのではないかと彼女は思った。

両陛下との拝謁のあと、ヴァイニングはあと二ヵ月で十三歳になる皇太子と初めて向き合った。彼女は親王たちへのプレゼントとしてフィラデルフィアからチョコレートやキャンディを持参したのだが、皇太子の最初のひと言は、「キャンディをありがとう」という謝礼の言葉だった。

明仁親王の印象を、ヴァイニングは『皇太子の窓』で次のように記している。

「皇太子殿下は当時十二歳、丸顔で、真面目で、それでいて目もとにちらっとユーモアの見える愛らしい少年であった。殿下は、日本の学生が誰も着るような紺の制服——長いズボンに、前に真田《さなだ》の縁取りのついた詰襟の上衣を着ておいでになり、襟のところには、学習院の徽章の、小さな金色の桜の花がついている。日本の普通の生徒と同じように、頭は坊主であるが、短い黒い髪の毛は光沢《つや》があり、でこぼこのない、格好のよい頭だった」（小泉一郎訳）

ヴァイニング夫人は、「純粋な少年」であるのと同時に、「物怖じしない性格を持っている。そしてきちんと自己主張するものを持っている」と感じて驚き、すぐに親近感をもつようになった。

この後、彼女は週に何度か皇太子の個人教師をしつつ、学習院ではすべての生徒に英語を教えることになる。住まいは東京・目白の一軒家で、同じクエーカー教徒で英語ができる高橋たねという女性がヴァイニング夫人の秘書となった。こうしてヴァイニング夫人にとって、日本の生活はきわめて快適なものとなってゆく。

ヴァイニング夫人は天皇皇后との個人的な交流によって、両陛下の様々な謦咳《けいがい》に接している。夫人による皇太子の英語教育について叙述するまえに、ここでヴァイニング夫人が耳にした昭和天皇の、父親としての偽らざる気持ちを知っておく必要があるだろう。

共同通信社の元社会部長で皇室担当が長かった高橋紘《ひろし》は、昭和六十三年（一九八八）にアメリカでヴァイニング夫人から話を聞いている。このなかで彼女は当時天皇に対し、親子が皇居と赤坂御所とに別れて生活することに異を唱え、同居すべきだと次のように提案している。

「父と子は同居したほうがいいのでは。近くで皇太子は天皇を見つめているほうが望ましいことだと思う」

それに対して昭和天皇は次のような驚くべき言葉を口にされたというのである。

「自分は戦争を阻止できなかったから、自分の跡継ぎを育てる資格はありません」（『側近日誌』高橋紘の解説より）

昭和天皇の公式発言のなかでこれに類するものは存在しない。それゆえに、この発言の真偽については、ひとえにヴァイニング夫人と高橋紘を信用するか否かにかかっているのだが、私の親しい友人でもあった高橋から私はこの取材の裏付けも聞いており、発言は真実だと判断している。これはまさに歴史的な証言というべきである。

自分はあの戦争を引き起こし、あるいは黙認した君主なのだ。そのような人間に息子を育てる資格などないと言っている――。

戦争に対してこれほど強く、そしてこれほど自省的に考えているということをヴァイニング夫人は知ってびっくりしたと高橋に語り、さらにこう続けている。

「日本はもうそういった道を歩んではいけないのだ。新しい道を歩まなければならない。そのためには私ではだめなんだ。だからあなたに息子の教育をお願いするんです」

昭和天皇ならばこういった発言をなさっただろうと、私も思うのだ。さらに言うならば、ヴァイニング夫人は皇居に出入りして天皇と様々な話をすることにより、天皇の心情というものが徐々に分かってくるようになる。そして天皇に深い信頼を寄せるようになった彼女はこうも言っている。

「私は新しい日本に協力をしたいのです。戦争を放棄した新しい国を私は信頼するし、その日本を助けるために、そして陛下や皇太子さまをお助けするために、私にできることはなんでもやろうと思います」

これに昭和天皇は次のように返した。

「本当にありがとう。あなたはわざわざ遠い異国に自分の生活をなげうって来てくれた。そして私たちのためにこれほどまでに時間を割いて教育に当たってくれていることに本当に感謝します。私たちにできることはなんでも言ってください」

ヴァイニング夫人は、こうした天皇が醸しだすアットホームな雰囲気に自分が包みこまれようとしていることを認めている。

私はヴァイニング夫人の書いたものを読み、そして天皇がバイニング夫人と交わしている会話を見ていくと、そこに二つの特徴があることに気づいた。

一つは、終戦後の昭和天皇とそのご一家は、歴代天皇家として初めて家族的な空気につつまれていた。昭和二十年八月の戦争終結まで天皇は「神」であったから、天皇家は家族とはいえアットホームな会話など交わすことなどできなかった。ところが八月十五日を境とする戦後民主主義の空気が広まるなかで、「家族」という単位の中にヴァイニング夫人を溶け込ませ、媒介させることにより、そこに一つの人間的な空間を作っていったのだということが分かる。

二つ目は、ヴァイニング夫人が天皇家にとっての民主主義の尺度だったということだ。昭和天皇は自らを含め皇族が戦争を反省して、民主主義国家として新しい日本をつくっていくとき、そばにいる彼女の言葉によってそれが正しいかを測ったのだ。

「私たちがやっていることは間違いじゃない。私たちはそういう社会をつくっていきたいんだ。そのような天皇であらねばならない」

彼女をもってその確認をしたのだと思う。それはヴァイニング夫人も承知しており、天皇に助言や参考意見を述べたりしていて、「天皇家と国民の関係はどうあるべきか」

ということについて自分なりの意見を披瀝していた。

こういった二つの点を総合すると、ヴァイニング夫人が果たした役割は、単に天皇家の家庭教師、あるいは学習院の英語教師というだけではなく、天皇家の中に一つの空気をつくりだしていたといえる。もちろんヴァイニング夫人の著作はそれを自覚して書かれたものではない。むしろそれと知らずに天皇ご一家のなかに入ることによって、その空気を一変させてしまった、と言えるのではないだろうか。

結論風にいうならば、ここで天皇も、皇太子も、そして皇后も、いわゆる大日本帝国時代の神権化した「神」という扱いの空間から、人間として自らの目で見て、人間としての言葉で会話するための格好の訓練になったのではないかと思う。そういう予断のないアメリカ人と接することにより、「大日本帝国」から「新生日本」へと進んだように思うのである。

それまでの天皇家にはそうした訓練を積む慣習はない。それをヴァイニング夫人を通じて行うことができたのは、新時代の皇室にとってきわめて幸運なことだったといえる。

天皇の周辺には古来からこの国の優秀な人材が配されてきた。昭和天皇の周りにもきわめて有能なテクノクラートが仕えていたけれども、その彼らにはできないことを彼女は実現した。それはつまり、一個人として天皇家の中に入ってゆき、その空気のなかで新しい時代の家族のあり方とか個人の意見の表明の仕方、あるいはものの考え方などというものを、ヴァイニング夫人は教えていくことになったのではないかと思う。

つまりヴァイニング夫人は、「宮中改革」の役割を果たしたのだ。いうまでもなく、この改革の一部を彼女は担ったのであり、そこには天皇や皇太子自身の考え方があったことは忘れるわけにはいかないのも当然である。

2章

皇太子と太平洋戦争

——軍国主義下の少年時代

昭和天皇の自己反省

皇太子明仁親王（今上天皇）がお生まれになったのは、昭和八年（一九三三）十二月二十三日である。皇太子の少年時代に体験された重大な出来事二点を検証、確認しておきたい。

一つは昭和二十一年から四年間のヴァイニング夫人との出会いなのだが、この章ではその前に、八歳を超えてまもなく勃発し十二歳になる年に終結した太平洋戦争（昭和十六年十二月八日〜昭和二十年八月十五日）という歴史的体験が皇太子にどのような影響を与えたのか、それをまずは見てゆこうと思う。

太平洋戦争の開戦を昭和天皇はなぜ認めたのかといえば、天皇が好戦的だったからではない。「皇統を守るため、天皇制を護持するために、戦争しか方法がない」という軍事指導者による政策を受け入れるしかなかったからだった。

ところが戦争が始まって間もなく、昭和天皇の心中には、私の言葉で端的に表現するなら、「しまった」という感覚があったと思うのだ。軍事指導者たちの主張は、日本が欧米列強に伍して行くには自存自衛しか道はなく、このままでは皇統を守ることなどできない危機的状況にあると言い、そのために満州事変や日中戦争に突き進んだ。そして太平洋戦争の道を選択したのだが、負けてしまえば体制は崩壊し、皇室は解体され皇統は途絶える恐れも感じていたはずである。

昭和天皇は「必ずしも勝てる戦争ではない」ということを知っていたが、真珠湾作戦から続く日本軍の優位な戦いも、昭和十七年六月のミッドウェー海戦と八月以降のガダルカナル地上戦の前までで、アメリカが本格的な戦時体制に移行し、兵器の増産体制をとって反攻に転じてからは、さすがに日本との国力の差は歴然としていて、これはとても戦争に勝てる状況にはないと天皇も強く感じるようになった。

そこで「しまった」と思い、皇統の継続が危ういという不安を味わったのではなかったか。それから三年八ヶ月間もの太平洋戦争の下で、表向き戦争を継続するという軍部の意向を受け入れてはいるものの、天皇は内心で「何とか戦争を収めたい」という心の葛藤があったことは、今ではいくつもの資料によって裏付けられている。

昭和天皇は戦後まもなく、側近侍従の木下道雄に、なぜ日本は戦争を選択し、負けたのかについて語っている。その重要な内容はとくに昭和二十一年に入ると何度か語られている。

「一番大事なことは、まず我が国の国民性について思うことは、付和雷同が多いことで、これは大いに反省の余地がある」（木下道雄『側近日誌』）

ということを正直に語っている。

昭和天皇は戦争に突入し敗れてしまった「理由」は四つあると、木下に語っている。

一つは、白人、英米、アングロサクソン系の人たちには有色人種に対する優越感があり、日本人を民族的に劣等視しているということ。

二つ目は、日本人の独善性だ。日本人はとかく自分たちの考えがなんでも正しいと思って前に進めるけれども、そうではないということに気づかなかった。

三つ目は、日本人の教育の不足だ。当時の日本は全体に教育レベルが低く、ものごとを知的に考える習慣がないことを挙げている。

四つ目は、日本人の宗教が異なること。多くの国はキリスト教やイスラム教など、ほぼ単一宗教で治まっているのだが、日本は様々な宗教が入り乱れ、統一性がない。これが敗因の一つであるとも言っているのだ。

以上の四点を踏まえた上で、天皇は「日本の軍人は、なぜそんなに戦争を好んだのだろうか」と自問自答している。その理由として、真の武士道が廃れたことに加え、政治家に対して軍人が信頼感を持たなくなったこと。そのうえで、前述した国民の付和雷同性がある。国民がすぐに右顧左眄《うこさべん》する。そうしたことが反省点だと指摘しているのである。

天皇はそう述べたあとに、「では、将来日本人はどうあるべきか」と木下にその本音を明かしている。これは終戦翌年の昭和二十一年春における天皇の見解だ。

それによると、一つには日本人が対外的な尊敬と信頼をかちえることが大事であるとしている。そのための振る舞い、つまり、まずは教養を身につけ、宗教的な見方を広めてゆくこと。具体的に言えば、キリスト教的な見方を取り入れるという意味になる。

二番目は、新憲法によって軍備を持たなくなった日本が安全保障を担保するには、「義によって律し、力によって貫く、愛の教育」という、少し抽象的だけれども、当時の天皇はそのように思ったのだろう。

そして三番目は為政者の質の問題だ。政治家がしっかりとした自覚を持たなければいずれまた同じ道を歩むことになる。そのためには、天皇である私が政治家に対してきちんと意見を言い、正しい物の見方をするよう助言する、そうした役割を果たしていきたいと言っている。

これらの発言は木下道雄という侍従次長が書いた『側近日誌』にすべて綴られている。昭和天皇による戦争の反省と、新しい時代の心構えを述べているのだが、いかにも天皇らしい表現に留まっていて、具体性には欠けるものの、それでも言わなければならないとの思いは伝わってくる。ここで踏まえておくべきことは、こういった認識が昭和天皇の戦後の出発点にあったという事実である。

そうすると、終戦にあたって昭和天皇は息子の皇太子になにを期待したのだろうかということが重要になってくる。

終戦時の皇太子十一歳。玉音放送は疎開先の栃木県の日光で聞いている。その後に、皇太子は天皇に手紙を書き送っている。戦争に負けたことの感想と、「自分は一所懸命この日光で勉強をしている」と伝えている。

昭和天皇はこの返事をしたためた手紙を村井長正侍従に託した。その内容をいま知ることができるのは、村井侍従が日光へ運ぶ途中に読んで筆写したという事情による。この手紙は「親から子への伝承」といわれるが、簡単に言えば、いずれ皇位を継承する息子へ「こういう心構えを持ってほしい」との父親としての助言が綴られている。ただ、内容は明らかになっているにせよ、やはりこれは私的な文書である。親子のプライベートな問題を含んではいるが理解の一助として紹介しておきたい。

手紙をありがたう　しつかりとした精神をもつて　元気で居ることを聞いて喜んで居ます。

国家は多事であるが　私は丈夫で居るから安心してください　今度のやうな決心をしなければならない事情を早く話せばよかつたけれど　先生とあまりにちがつたことをいふことになるので　ひかへて居つたことを　ゆるしてくれ　敗因について一言いはしてくれ

我が国人が　あまりに皇国を信じ過ぎて　英米をあなどつたことである

我が軍人は　精神に重きをおきすぎて　科学を忘れたことである
明治天皇の時には　山県　大山　山本等の如き陸海軍の名将があつたが　今度の時はあたかも第一次世界大戦の独国の如く　軍人がバツコして大局を考へず進むを知つて退くことを知らなかつたからです
戦争をつづければ　三種神器を守ることも出来ず　国民をも殺さなければならなくなつたので　涙をのんで　国民の種をのこすべくつとめたのである
穂積大夫は常識の高い人であるから　わからない所あつたら　きいてくれ
寒くなるから　心体を大切に勉強なさい
九月九日
父より明仁へ
（『天皇百話 下の巻』鶴見俊輔、中川六平編　筑摩書房）

本来的には昭和天皇は戦争についての「反省」を皇太子に語ったのは、先の木下侍従次長への言葉が息子への伝言だと考えるべきだろう。
昭和二十一年九月九日のこの手紙はやはり親子のやりとりだ。ずいぶんはっきりと心中が語られている。補足しておけば、まず「敗因についてひと言いわせてくれ」と天皇は言い、「それは我が日本人が、あまりにも皇国を信じすぎて英米を侮ったことだ。それから、我が軍人は精神に重きを置きすぎて、科学を忘れたことである」という二つのことをはっきり断言している。

さらに天皇が、次の天皇である皇太子に伝えた内容として注目すべきことは、明治天皇の時代は山縣有朋、大山巌、山本権兵衛のような陸海軍の名将がいたが、今度は、あたかも第一次大戦のドイツのごとく、軍人が跋扈《ばっこ》して大局を考えずに進み、退くことができなかったから敗れたのだと言っている。

さらに、そのまま戦争を続けてしまったら、天皇の存在証明ともいうべき「三種の神器」を守れなくなるばかりか、国民が殺されてしまう。「涙をのんで国民の種を残すべくつとめたのである」という奇妙な言い方だが、要するに「国民がいなくなってしまったら、天皇といえども存在価値はなくなるから困る」と、実に正直に語っている。

この手紙全体で重要なことは、日本人があまりにも精神に傾いて、天皇神権説の「天皇は神である」というような、そういう思い上がった考えを信じ切ったこと。そして軍人はそういう精神に重きを置いて、科学的にものを考えるという発想を忘れたのだということだ。しかも明治の時のような名将がいなかったことを挙げて、息子に対し「良き側近を持て」と、そして「人を見抜く力が重要だ」ということを教えている。それは逆に言うと、昭和天皇は、そういう人物を見抜く目がなかったとの自省につながっている。東條英機のような人物を指導者と仰いで戦争を行ったことへの、遠回しの自己反省ともいえる。

この手紙の結論としては、昭和天皇は「戦争という政策は選択しない方がよい」という理由として、「戦争の道を選ぶと皇統が危うくなる」という現実を教えているというべきだろう。

先ほどの木下への伝言の中にあるが、昭和天皇は新しい憲法を極めて高く評価している。はっきりとこう言う。

しかし負け惜しみと思うかも知れぬが、敗戦の結果とはいえ我が憲法の改正も出来た今日に於て考えて見れば、我が国民にとっては勝利の結果極端なる軍国主義となるよりも却って幸福ではないだろうか。

『側近日誌』

つまり、軍国主義が横暴を極めるより、今の新しい憲法の下で軍が抑えられる方が良いのではないかと言っているのだ。

昭和天皇のこうした考え方を知って思うのは、息子である今の明仁天皇は、平成という時代の帽子を被り、背広を着て、君主として存在しているけれども、その精神や志というものは、昭和という時代のあの戦争の過ち、戦争についてのお考えを問い直してゆく、あるいは歴史に謝罪していくという生き方をされていることがよく分かる。

平成という外見的な装いはさておいて、その精神においては昭和の清算、そして父・昭和天皇から伝えられたメッセージを墨守しているといっていい。

これが今上天皇の戦争体験を理解するときの骨格であり、鍵となる。昭和八年十二月に生まれてすぐのまだ物心つかない間に、日本の昭和の歴史は大きく変わっていく。軍事が前面に出る、いわゆるファシズムと呼ばれる時代になっていく。

その中で天皇は、学習院初等科教育を受け、それから中等科へ進んでゆくのだが、戦争は初等科から中等科二年生の時に終わりを迎えている。つまり小学校と中学校の最初の頃までは戦争の渦中にあった。

これはどういうことかというと、当時この年代の人たちは、「少国民」といわれた。「いずれこの国を担う人だが、今はまだ少国民として小中学生である」という、軍国主義教育の中における皇（すめらぎ）が治める国、つまり「皇国」の少国民とされた。今の天皇と同世代の人は当時みなそう呼ばれていたのである。

少国民は、天皇のために命を捨てる、戦争の中で命を投げ出すことが義務づけられているような教育でもあり、日本人は天皇を神とする国の臣民なのであり、それは世界に例のないほどの幸福感を味わえるものなのだというのが、少国民教育の根幹だった。

そのような教えのなかに皇太子も位置しているのだから、いずれ自分が敬われる立場になる教育を受けるという極めて複雑な二面性を持っていた。自分は少国民としてそのような教育を受ける生徒でありながら、いずれ自分が「神」たる天皇として国民の尊敬・畏敬の念を受けることになる。自分のために軍隊があり、命を捨てる人がいるということの二重性の中に身を置いていたのが当時の皇太子の立場である。

このことは学習院の教育の中でもかなり神経をつかって幼少年期の皇太子に接していたことが分かる。軍国主義教育ではあるのだが、後の天皇となる皇太子は単なる軍国主義教育の受講者ではなく、その天皇のための軍国主義教育なのだ。これを学習院がどのようにして教育方針として作っていったのだろうか。

もちろんそれは戦後の小泉信三やヴァイニング夫人によって全否定されるのだが、それを語るためにも、戦時下の皇太子教育、つまり「帝王教育」がどのようなものだったかを知っておく必要はあるだろう。

絶対の皇国史観

帝王教育の方法を考えたとき二つのタイプがあることが分かる。一つは学校をつくることだ。日本の皇室では「御学問所」と呼ぶもので、学習院の初等科、中等科に通うようになると設けられる。クラスの同級生から七、八人を選抜し、この御学問所で勉強する。この「ご学友」が十二、三歳から十六、七歳までの間、一緒に中学に通い、旧制高校、大学へと進学するのである。昭和天皇の場合はこれに当てはまる。

二つ目は個人教育だ。明治天皇と大正天皇がこれにあたり、学業の方は全くの個人教授で、学友は週末に集まって遊ぶ仲間として存在する。

今の明仁天皇が受けた戦前教育は、これら二つの中間的なタイプであった。つまり、幼稚園の場合は、これは東宮御所に五人の子供たちが来て、一緒に遊ぶ。その遊ぶ様子を宮内省の養育掛が観察し、それぞれの子供の性格をそれとなくチェックしながら、皇太子が関心を持つ方向性に誘導する。

それが三〜五歳の二年半ほどだから、昭和十二〜十四、五年の間のことだ。つまり、日中戦争が勃発したころで、軍事指導教育がかなり強化されてゆく時代だ。このころの幼稚園の学友たちの遊びは、やはり軍国主義教育の流れを汲み、軍人の真似をしたり、軍隊ごっこなどをする。

ところがこのときの皇太子の身体の動きが、他の子供たちより素早いとはいえず俊敏性にも大きく欠けていた。判断力も早いタイプではなく、むしろじっくりと物事を考える性格だと、当時の養育掛は資料に残している。

私見を言えば、それはむしろ日本の君主として適した性格ではないだろうか。軽率にものを判断せず、じっくり構えてゆっくり考え、そして結論を出す。瞬発力はないけれど、着実に決断力を発揮する性格が、すでに幼年期に備わっていたと私は思う。このことは現在にもつながっている天皇の美質だと思うし、それゆえ、天皇の持っているある種の落ち着きというか、「一度決めたことは変えない」という、そういった不動の精神が確立していったのだろう。

私たち一般の学校生活では、早く決められない生徒は軽く見られることがあるが、表現は適切ではないかもしれないが、天皇となれば言い換えや訂正の利かない立場だから、むしろそれは「美徳」というべきだろう。

実は父親の昭和天皇にもそういうところがあったといわれ、世間的な言葉では、「愚鈍な虚弱児」という評価がある。だがこれも天皇としてはマイナスではないどころか、君主としては必要な性格ではなかったかと思う。

さて、皇太子は昭和十五年（一九四〇）四月から昭和二十年（四五）四月までの五年間を学習院初等科ですごす。すでに国家総動員法が制定されているし、入学の年は皇紀二六〇〇年である。天皇を完全に神権化した国家として、全国各地で政府主催の奉祝行事が目白押しだった。翌年にはついに対米英蘭戦争（太平洋戦争）が始まるなど、皇太子の小学校時代はずっと戦乱のただ中にあった。

くり返すが、その間の皇太子への教育は、天皇が神権化した教育であるため父親が「神」であり、いずれ自分も天皇に即位すれば「神」となるという二重性に置かれている。それればかりか、「戦争」が日常的に存在し、「戦時」という価値観が日本社会を覆う。戦いに勝利するという軍事中心のものの考え方は、たとえば大学の人文科学が不要とされることにもなる。国家総力戦の名の下に相手方を一人でも多く殺すのが目的なのに、ヒューマニズムや人類愛の研究などとんでもない、ということになり、文学部関係の廃止や新規学生募集の停止なども相次ぐことになる。

それは学習院も同様、初等科時代の皇太子は他の生徒らとともにそうした時代の空気のなかで授業を受けた。

この小学校の五年間に受けた軍事指導教育が、今の天皇の戦争への嫌悪感、戦争に対する苛立ち、もしくは忌避感情に表れていると思う。そしてそれは、父親が戦争に進まざるを得なかった時代とその環境を反省し、否定していることから、すなわち皇太子も自分が受けた初等科教育そのものを否定することにつながった。

では、その否定された戦前戦中の学習院初等科の教育はどんな内容だったのだろうか。いくつかの特徴がある。

まず、いずれ国家に君臨する立場だから学問を身につけはするものの、決して「歴史に興味を持たせない」という方向にあったように思う。歴史の価値観や見方といった分野に立ち入らせないのは、これは私個人の考え方になるが、要するに歴史に関心を持って様々な出来事の判断をするようになると、皇国史観の否定にもつながりかねなかったから、ではないか。

皇国史観は神武天皇から始まり、百二十四代（昭和天皇）の歴代天皇がこの国の骨格になっている。国民はそのために存在してきたことになっている。ところが、天皇を神とする皇国史観のなかで、初代の神武天皇から十代の崇神天皇までは神話によって創造されたといわれ、確として実在した形跡がない。

しかし『古事記』や『日本書紀』という神話に基づく皇国史観を実証主義的に研究す

れば、いずれ神話を否定することにもなりかねない。天皇自身がその方向に行ってしまっては困るので、歴史に関心を持たせなかったのではないか。

昭和天皇や明仁天皇も歴史が好きだったのだが、なるべくそちらに興味を持たせないようにと、自然科学系に向かったともいえるのではないだろうか。昭和天皇は動植物に造詣が深く、明仁天皇のハゼ研究は一流のものだが、それでも植物や生物の進化には手を伸ばさない。もし進化論に出会えば、これも結局皇国史観の根幹である神話を否定することになるからである。お二人とも生物の収集と区分に明け暮れたのは、そうした不文律があったからではないかと、私は思っている。

当時の教育のさらなる特徴は、神話のストーリー性をさらに高めたことだった。神話というのはどう見ても現実とはいい難い。それゆえに「空想」とか「物語性」などの飛躍が必要となる。天照大神が天岩戸に隠れる物語や、イザナギとイザナミの二人の神によって日本列島が誕生する「国生み」と呼ばれる神話などを教える。

つまり、そこでは科学的な発想というものは無視されている。

天皇が先に述懐しているように、科学的発想を疎《おろそ》かにしたというのは、まさにこのことを言っているわけで、これが一般国民はもちろん、皇太子教育でも行われたわけである。

さらに言えば、天皇は単なる政治的な主権者であるだけではなく、神権化した天皇として、「統帥権《とうすい》」という大権を有し、陸海軍全体を統《す》べる大元帥として君臨しているのだから、当然、軍人たるべき顔ももっている。

皇太子の軍服着用を拒む天皇

ところが象徴的なことが起こった。昭和十八年四月、当時十歳の皇太子は「元服式」に臨むため、大元帥としての軍服を着用する必要があったが、父親の昭和天皇は、戦争中であるにもかかわらず皇太子にその元服式をさせなかった。息子に軍服を着せたくなかったのである。

これは大きなポイントだ。軍国主義国家本来のシステムから言えば、自らがそうだったように、皇太子にも大元帥の軍服を着せる儀式が必要だった。当時、首相であり陸相の東條英機は幾度となくそれを要求するのだが、昭和天皇はずるずると引き延ばして、結局皇太子に軍服を着せることはなかった。

これはつまり昭和天皇による、父から子への思いやり、もしくは知恵である。それを言葉にするならば、「いま繰り広げられている大東亜戦争はあくまで『私の戦争』なのだから、私の代でけりをつけ、息子にその責任を負わせたくない」、という気持ちがあったと思う。

結局、昭和天皇は皇太子の軍服姿を頑として拒否し続けた。父親として、また天皇として重要な主張をしていることになる。

結論から言うと、皇太子の学習院初等科時代における帝王教育の骨格は次のようなことだろう。それは軍に偏らせず、歴史にも関心を持たせず、かといって神話のなかの天皇制を否定するような考えにならないように誘導することだったのだろう。

付け加えるならば、戦後にやってきたヴァイニング夫人はそれらのことを一切否定していくことになる。つまり、明仁天皇は小学校時代に教えられたことを、戦後になってやってきた米国人女性によって完全に覆されるのだから、子供心に相当ショックを受けたと思えるのだが、しかしそれを従容《しょうよう》として受け入れていったのも、やはり戦時よりは平時の方がいい、あるいは軍国主義より民主主義の方がはるかにいいいんだと、幼心にそう結論づけたのだと思う。

さて、皇太子が学習院初等科に通っていた頃の学習院長は、山梨勝之進という元海軍次官でリベラル派の人物だ。山梨が方針とした皇太子教育の特徴は、他の児童とあまり差をつけないことだった。一緒に食事をし、皆で走り回るという一般の子と変わらないことをさせながらも、親しい学友グループは別に御所に招き、ともに余暇を過ごすという二つの生活を山梨は試みている。

それは明治天皇、大正天皇、そして昭和天皇の幼少期のように御学問所という宮中の特別な学校をつくることではない。戦時下といえども庶民の心持ちを知るためには、他の生徒と分け隔てをせず、一緒に混ざり合って勉強をさせながら、数人の学友を選んで平日の午後や休日に一緒に遊ばせることが重要だという二重性を持った考え方だ。

そうした教育は、結果的に歴代天皇とはまったく異なる体験を皇太子に与えた。これによって、明仁天皇は幼少期に多くの光景を目にしたことになる。

皇太子の学習院同級生は六十七人いたといわれている。このなかで「公侯伯子男」（公爵、侯爵、伯爵、子爵、男爵の略）の華族の子息が三十四人で、一般庶民の子供が三十三人という構成だったという。東組と西組の二クラスに別れ、皇太子は三十二〜三人の一学年東組に編入した。

学友はこの中から七、八人が選抜されている。このうち島津久永（後に皇太子の妹である清宮《すがのみや》貴子内親王と結婚）、出羽重継、鍋島直佑などは、いずれかの藩主の流れを引く男爵や侯爵などの息子であった。このような子供たちがまず選ばれた。

選ばれる基準は親の出身階層と仕事、財産の有無、女中がいるかどうかなどの家庭環境などを含めて経済的に安定している家であること。そして伝統的に禁欲的なモラルを持った家庭、つまり外に女性を持つような家系は外されたという。そのような調査を徹底的に行い、学友として選ばれている。

こうした皇太子教育の根幹を作っていったのは前述の海軍リベラル派だった山梨勝之進だ。彼の秀れているところは、戦時の軍事主導体制下にありながら、軍事一本槍で皇太子を育てるわけにはいかないという信念があったことだ。たしかに武を尊ぶ時代ではあるけれども、一般的な知識を得て、庶民階層とも知り合うことによって幅広い人格を形成してもらおうと意図したのだろう。

昭和天皇の幼少期に御学問所の総裁となったのは陸軍の乃木希典《まれすけ》であった。乃木は後に明治天皇崩御の際に切腹自殺で後追いした究極の忠臣だが、幼少期の昭和天皇に「禁欲」とか、天皇の心構えなど軍人としてのモラルを説いた。

これに対して山梨は軍事はもちろんカバーしつつも、政治的な深い知識や人格的な陶《とう》冶《や》を積んでもらいたいというのがその精神で、これが皇太子の人生にとって貴重な財産になったと思われる。

さてどのような学科カリキュラムが組まれていたかという話に移る前に、考えておかなければならないのは、皇太子明仁親王は神である父・昭和天皇の名代でもあったことである。

現人神《あらひとがみ》であるとされた天皇を、当時の日本の指導者をはじめ宮内省はどのように国民に説明するかというとき、もっとも現実的なのは神権化した天皇の代わりに、皇太子や天皇の弟宮（秩父宮、高松宮、三笠宮）を人々の目に触れさせることだった。神である天皇は祭壇にあって祀られる存在だが、この特別な存在を実際に手足を動かす現実のものとして国民に意識させるため、たとえば神社の参拝に父親の名代として赴くことも担わされた。明仁親王の幼少期には、昭和天皇の弟宮たちがそのその役割を務めることが多かったが、皇太子が長じることで、叔父宮たちにとって代わるようになった。

特攻作戦への鋭い質問

昭和十五年（一九四〇）から終戦までの五年間、皇太子は様々な矛盾や葛藤に苛《さいな》まれている。しかしそれらはすべて曖昧なまま、皇太子の教育は行われていった。言い換えれば、当時は皇太子の立場ではかなりつらい教育であり、矛盾の日々だったのではないかと、私には思える。これをこなしてゆく強い精神力を維持できたのは、同級生の存在が大きい。皇太子を軸とした彼らには、戦時下の連帯感が生まれ、気持ちを支え合っている。

昭和十七年（四二）夏のミッドウェー海戦、ガダルカナル地上戦から太平洋戦争の戦況はさらに悪化する。昭和十九年（四四）年八月からは文部省の方針として学童疎開が始まった。

皇太子は沼津の御用邸近くにある学習院の学舎兼宿舎に疎開し、同級生たちと寝泊まりし、学ぶ日々を過ごすことになったが、それから約二ヵ月後の七月にサイパン島が陥落すると、やがて米軍のB‐29爆撃機が飛来して本土爆撃が始まった。

身の安全上、沼津からもっと内陸に疎開する必要に迫られることになり、陸軍省と学習院が新たな疎開先として選んだのは、かつて大正天皇の保養のために造営した栃木県の日光にある田母沢御用邸だった。沼津から日光へは少数の学友を連れてゆくことになり、他の生徒には別れも告げずにひっそり出て行ったのは、皇太子の居場所を米側の爆撃目標にされないようにという配慮からだった。それは次期天皇を日本の内陸部に匿《かくま》い、昭和天皇の身に何が起ころうとも皇統を護持しようという考えでもある。

このとき皇太子と一緒に田母沢に移った七、八人の生徒たちが学友として遇されたとされる。天皇が初等科から中等科に進学した際のこうした仲間こそが、真の学友と呼べる親しさだったようだ。

天皇の中等科生活は、主に終戦後からである。つまり、天皇の心の中には、軍国主義下にあった初等科時代の苦しい思い出より、民主主義のなかで新たな出発をしたとき傍らにいた人間が、本当の学友だと理解しているというべきかもしれない。

昭和十九年（一九四四）十二月二十三日、皇太子は十一歳になった。敗色濃厚ななか、当時の政府は昭和天皇に対して、皇太子の元服式を執り行うようにと執拗に懇願している。本来十歳で行うべきことを十一歳になってまで実行しようとするのは、天皇に即位した折の大元帥としての準備を進めておきたかったからだが、昭和天皇はこのときもそれを認めなかった。

田母沢の地で「戦争に勝つように」と毎日祈りを捧げながら日々を送っている皇太子だが、やがて食糧にも困るようになると、皇族といえども農作物を栽培しなければならないなど、物資が欠乏する日本の当時の苦しさが、皇太子の元にも及んでいる。贅沢の許されない生活のなかで、当時の皇太子は自分の地位や置かれている立場を徐々に理解していったことだろう。

海軍の特別攻撃隊（特攻隊）が初めて戦線に投入されたのは、昭和十九年（四四）十月のレイテ沖海戦でのこと。以来、爆弾を抱いて米艦に突っ込む決死の特攻作戦は頻々と行われるようになる。皇太子が軍から具体的な戦況を聞かされたのは、終戦直前の昭和二十年（四五）八月二日のこと。この頃の疎開先は田母沢御用邸から奥日光湯元の南間ホテルに移っていた。

皇太子の御用掛で陸軍出身の高杉善治は、軍事専門家による戦況の見通しを生徒一同に講和してもらおうと、大本営陸軍参謀本部第二部長の有末精三中将を疎開先に招いた。ホテル二階の侍従室で行われた話の内容は、中国戦線から太平洋諸島の戦線に至るまでの概況である。有末は最後に次のように言った。

「現在、日本軍は不利な状態にあるが必ず勝てる。最悪の場合でも、本土決戦によって一挙に敵を撃滅し、最後の勝利をおさめることができるからご安心ください。殿下をはじめ皆さんも、それまでは不自由をしのんでがんばってください」（高杉善治著『天皇明仁の昭和史』）

講和後の質疑応答でのことだった。有末から質問を促された皇太子は、その場が凍りつくような言葉を投げた。

「なぜ、日本は特攻隊戦法をとらなければならないの」

と質問したと高杉は書いている。

これまでこの一件については、明仁天皇は、特攻作戦を使ってまで戦争をやるということを、子供心に「おかしいんじゃないか」と思ってそのような質問をしたのだと書かれているし、それはその通りだろう。しかし同時に皇太子にしてみれば、「特攻作戦のようなことをやっていったら、国民みんなが死ぬことに行きついてしまうんじゃないか。そんな作戦をとるべきではない」という意味も含まれているはずなのだ。

皇太子の戦争観を示すこのエピソードは重要である。特攻が無茶な作戦であることは誰に教えられたわけではなく、明仁親王が独自に考えたことだったからである。

有末中将はこのとき、皇太子からの質問に弱ったような顔をしつつも、次のように答えたという。

「特攻戦法というのは、日本人の性質によくかなっているものであり、また、物量を誇る敵に対しては、最も効果的な攻撃方法なのです」（『天皇明仁の昭和史』）

この有末の弁解めいた言葉に当時十一歳の皇太子はうなずきもせず、黙したままだった。学習院の関係者は、この沈黙のなかに皇太子の戦争批判の意が込められていると受けとめ、粛然としたという。つまり皇太子は、日本軍の戦略・戦術が、いかに絶望的であるかということを、子供なりにきちんと理解していたことになる。

天皇家は一般国民と異なる形で戦争を受け止めている。皇太子も軍事主導体制のなか、庶民とは違う意識を持つように育てられてきている。しかし、軍事中心のなかにあっても、山梨勝之進を中心とする学習院の教育方針は、できるだけ戦争を主体としない、リベラルなものの考え方を皇太子に教えようとしている。

すなわち戦争とは一時的なものであり、戦いが終われば軍事主体の論理は通用しなくなるのだから、そうではない平時の皇太子、あるいは帝王としての自覚を促す教育だったということになる。

皇太子時代の教科書は、誕生した一九三三年（昭和八）から選定使用されている、「ススメススメ　ヘイタイススメ」という軍国主義体制下の一般的な教科書である。学科の成績は公表されていないのでその優劣は分からないが、少年期は学業よりも、社会的な空気を感じ、戦争をどう理解するかの方に時間が割かれていたように思う。

この辺りをよく分析すると、皇太子は成長するにつれ批判精神を持ち始めたことと、物事を総合的に観察する力がついていることがよく分かる。同年代の小学生は戦況などはほとんど知らされないし、大人から説明を受ける機会もほぼないが、皇太子は侍従武官や侍従長などと会話することで、知識の大きな膨らみを自然に持ったといえる。そしてその知識の膨らみこそが、すなわち皇太子の人格そのものの広がりにつながったのである。

普遍的教育を求めた昭和天皇

結局は戦争から距離を置き、「自分は歴史を学ぶことを選択できないんだ」と、昭和天皇と同じく生物の分類学に興味の目を向けてゆく。そういった特徴がみられるようになったのは、学習院初等科から中等科のころだったといえる。

そういった教育の下地の元に、七月二十六日のポツダム宣言、そして八月十五日の昭和天皇による玉音放送へと歴史はつらなるのだが、皇太子への幼年期から少年期にわたる国家からの皇太子教育と、宮内庁の個々の人間による皇太子への接し方をすべて整理すると、結論は次の三点に絞られる。

一つは軍国主義の時代に、軍事主導体制の中心である皇太子に対して、「その志を忘れないでくれ」と言いつつも、その一方で、戦時下で作られた価値観は一時的にすぎないのだから、受け入れてはいけないと教えていたことだ。

二つ目は、父君である昭和天皇は、基本的にこの大東亜戦争の開戦経緯とその進捗具合に納得していない。それどころか「しまった」とすら思っている。その精神があるからこそ、一度も皇太子に軍服を着させなかった。その天皇の強い意思を後に皇太子は理解し、いま受け継いでいる。

三点目は視野を広げる教育だ。天皇は元首だから即位してしまえば側近としか接しないので、彼らの顔しか知らないし、その言い分しか耳にすることができない。したがって国民と直に会うことも、そして話す機会もない。だが皇太子の初等科教育では、学習院で普通の人たちと交わった。さらに学校の職員などと会話することにより、庶民のものの見方に触れることができた。明仁天皇の懐の深さは、この経験によるものなのだと感じられるのだ。

以上の三つの特徴を見ていくと、軍部がいくら軍事教育のもとで皇太子を大元帥として育てようとしても、天皇とその周辺だけでなく皇太子自身も、それにまったく納得していない。戦争の時代を率いる元首としてではなく、平時の日本を治める君主として、普遍的な教育を求めてきたことに気づく。

終戦後にヴァイニング夫人に結びついたのも、まさにこうした背景があったからなのである。

3章

新時代の皇太子教育

――マッカーサーの口頭試問

アメリカとの邂逅

ヴァイニング夫人が皇太子と初めて会ったのは、昭和二十一年（一九四六）十月十七日のことだった。夫人は日本に到着してまだ二日目で、天皇皇后に拝謁した後のことだった。皇太子はこのとき誕生日を約二ヶ月後に控えた十三歳。当時の日本の少年がみなそうであったように坊主刈りの頭だった。夫人は『皇太子の窓』の中で、「短い黒い髪の毛は光沢があり、デコボコのない格好のよい頭だった」と書いている。

ヴァイニング夫人は天皇家の人と会い、そして皇太子と面談して驚いたのは、もちろん通訳を介してではあるが、彼らは意外に普通の会話ができることと同時に、いかにも気さくで、自分たちと心を通じ合える関係を持てるということだった。そのような会話などしばらく無理ではないかと思っていたが、案に相違して実に親しみのある会話がすぐに始まったのだ。

天皇とその一族の間では、公的な場はともかく、プライベートではかなり家族間の人間関係が円滑で、そして和やかな関係を維持していたことが推測できる。ヴァイニング夫人には、この天皇が戦争の最高責任者として、あの「邪悪な」日本軍の責任者だったとは、とても思えなかった。つまり日本軍の行為と天皇との間には、大きな差があるのではないか。天皇の意思とは別に、軍部は動いたのではないかという印象を持つことになった。

その好感情がヴァイニング夫人の皇太子との関係にそのまま持続されて、夫人は皇太子を日本の君主として自分が教育に当たることの責任の重さを、改めて感じたと述懐している。

天皇家に対して、ヴァイニング夫人が持っているその感情は、日本を敵国として捉え続けてきた多くのアメリカ人には考えられないことだった。夫人はこのことを何度も著作の中で記しているし、そしてアメリカに帰国した後も語り続けていたという意味で、戦後の日本の天皇制が象徴天皇制となったことを周知するのに、大きな役割を果たしたと言っていい。

天皇は神でもないし、いわんや〝大元帥〟などといった法律を超えた存在ではなく、ごく常識的な考えを持ち、その常識に従って動ける人間である。皇太子はその教えの中にいて順調に育っている、というのがヴァイニング夫人の考えとなった。

こうしてヴァイニング夫人はあらためて自分の役割を実感した。それは新しい憲法で、この天皇が神ではなく、象徴天皇として存在しているというイメージを持ったことが、逆に言えば家庭教師としてのヴァイニング夫人の役割を、見事に成功させるに至ったのではないか。

皇太子の側に、ヴァイニング夫人についてどう思ったかという詳しい記録は残されていないが、天皇に即位されてからのことなどを考えると、アメリカ人の教師から英語を習うことに特段緊張することもなく、「アメリカからやってきた英語教師」として見ていたにすぎない、というのが二人の初対面ではないだろうか。

皇太子は当時十三歳の少年であり、片や親子ほど歳が離れた四十三歳の教師は、戦勝国のアメリカからやってきた女性である。そして彼女がクエーカー教徒である意味を、当時の皇太子はもちろん知らないだろうが、この出会いは運命的ともいえるだろう。たぶんこの二人の出会いの中に、日本とアメリカの戦後における関係が凝縮されていると思う。

日米の「最初の出会い」、それは軍事で占領するアメリカに、日本は文化教育という面で最初から惹かれていく。ヴァイニング夫人と天皇家の関係は、日本軍国主義が真に崩壊してゆく一つの構図を現していると思えるのだ。

さらに言うならば、その後皇太子とヴァイニングとの良好な関係は、支配者と被支配者との関係ではなく、「教育」というものを挟んで、お互いの人格を尊重する関係にまで高じたのではないか。

当時、昭和天皇の側近であった宮内大臣（昭和二十二年五月の新憲法施行で宮内府に改組）の松平慶民は、英国に十二年間留学しオックスフォード大学を卒業しており、ヴァイニング夫人が驚くほど立派な英語を話した。その松平はヴァイニングにこう言った。

「私があなたにお願いしたいのは、皇太子殿下のために、今までよりももっと広い世界の見える窓を開いていただきたいということです」（『皇太子の窓』）

世界の中に置いても恥ずかしくない君主にしたいという思い――。それは逆に言えば、それまで内向きに捉えていた天皇制を、これからは国際社会の中に出していきたい。そして日本の皇室というものへの理解を、やがては日本そのものの理解へと繋げる。それは取りも直さず新しくできた日本国憲法というものが、天皇家の気持ちを代弁しているのだという密かな意味を込めて、松平はヴァイニング夫人に語ったのだろう。

ヴァイニング夫人もそれを諒として、繰りかえすが、松平慶民の学歴、英語力、人格、そのいずれにも深い信頼を寄せることにより、ここに皇太子とヴァイニング夫人との、教育の一つの空間ができあがっていったということだと思う。

ヴァイニング夫人は著作に記している。天皇はもちろん宮内府も松平も、彼女の教育方針に対してなにひとつ注文をつけていない。「すべて自由になさってください。それがあなたの教師であるゆえんですから」という言葉を聞かされている。

素晴らしい民主主義

そこでヴァイニング夫人が用意したものが、アメリカの中学生などが使っている副読本である。言ってみれば、アメリカで皇太子と同世代の少年たちが学んでいる教科書を通して、アメリカ合衆国そのものを理解させようと企図したのだと思うが、そこに至るまでには若干の経緯がある。

　そもそもGHQが教育改革の手始めにと日本の教育専門家によって教科書が作られたのだが、その出来映えは芳しいものではなかった。ヴァイニング夫人いわく、

「題材は退屈で平凡なものだったし、紙不足のため出来上がりも見栄えがせず、粗悪な灰色の紙に印刷した貧弱なパンフレットといったところだった」

　そこで教授上の補助金として与えられていた金に、夫人が本国の雑誌に書いた論文の原稿料をつぎ込み、故郷のフィラデルフィアに住む友人に頼んでそれらの副読本を日本に送ってもらい、現実に学習院での授業や皇太子への教育に使うことになったのだ。

　今回、取材スタッフはヴァイニング夫人が集めた教科書を、あらためて収集し整理したのだが、そこにはアメリカの教育に準拠した教科書であるだけに、当時のアメリカ民主主義の教育内容が見てとれる。自由で自立する個人であり、世界に目を見開くような人物を作ろうとする一方で、中にはエイブラハム・リンカーンや、ジョージ・ワシントンなどといった、かつてアメリカを作った指導者たちの考え方、あるいは政治的行為などが存分に讃えられている書物もある。ヴァイニング夫人は、それを皇太子の教育に使っていこうとした。

それは一見するとアメリカの教育をそのまま持ち込んだことになる。だが彼女は皇太子らをアメリカの色に染めようとしたわけではなく、母国の教科書を積極的に使用することで、日本の少年皇太子にも「アメリカの良いところも知ってほしい」という思いがあったのだろう。

故郷のフィラデルフィアの友人からそれら副読本を何冊も取り寄せたのは、現実にアメリカで行われている教育のシステムを導入することで、皇太子と学友の英語力を高めるのはもちろんだが、それは取りも直さず「市民意識」をそこで養おうという意味でもあろう。

さらに突きつめれば、皇太子と周辺の少年たちに教えることによって、日本における自分の教育の役割を広く知ってほしいという深謀遠慮もあったと思うのだ。

ヴァイニング夫人が使った副読本の中には、たとえば『リンカーン物語』(Abe Lincoln Grows Up) がある。これは一九二八年に詩人でもあるカール・サンドバーグが著したリンカーンの伝記で、この作品を含めたリンカーン伝四部作によって、著者は太平洋戦争前年の一九四〇年にピュリッツァー賞を受賞している。

奴隷制度を廃した貢献者として有名なエイブラハム・リンカーンだが、彼がどのように育ち、そして第十六代大統領としていかなる政治理念、建国理念を持っていたのかが描かれている。ヴァイニング夫人はこの本を使ってなにを教えたのだろうか。

それはやはり、いかなる苦境にも屈せずに自分の力で立ち上がること、つまり「自立」の尊さだろう。そして、そのためにどうやって強い自分になるか、ではないか。

今回改めて読んだ副読本や資料の限りで言えば、ヴァイニング夫人による教育の全体図には三つの柱があるように思えた。一つは「自立する」ということ。それはつまり、誰かに依存したり、他者の意見を鵜呑みにし、自分独自の意見を持つこともなく他の考えに振り回されることを徹底的に避けるということだ。

もう一つは民主主義の素晴らしさだ。日本とアメリカの文化、伝統を比べて、アメリカの方がいいということではなく、アメリカの政治システム、つまり「民主主義がなによりも勝るのだ」との確信である。

軍国主義を一切捨て、民主主義体制に変換しなければ、人間は本当の精神を表現することはできない。私たちの国アメリカは、この民主主義を国の柱とし、次代を担う子供たちにこういう教科書を使って、その大切さを教えている。人間の自立を阻害する軍国主義ではなく、どんなに困難な時期にあっても、決して暴力で物事を解決しようなどと考えず、良心に従い、話し合いで対応してゆくこと。

三つ目。あなたは「明仁」ではあるけれども、名前がない。それはあなたが単なる一市民ではなく「特別な人」だから。アメリカにはない、歴史の古い国にある皇室。国民が何百万、何千万いようとも、それを受け継ぐことを宿命付けられた人間は、あなた一人しかいない。あなたがどう考えようとも、いずれあなたはこの国を代表する立場に立たざるを得ない。「その覚悟を持ちなさい」ということだ。

ヴァイニング夫人は執拗に繰りかえしている。自立しなさい、自分でものを考えなさい。軍国主義などよりはるかに素晴らしい民主主義の国に生まれ変わった日本において、あなたは常に代表として受け止められるようになる。だからこそ、どのようなことがあっても、「私」というものを忘れてはいけない。つまり、三つの考えを軸に、彼女は皇太子に「個人」というものを教えようとしたのである。

これをひと言でいえば、「皇室の民主化」という言葉に置きかえられる。皇室を民主化すると同時に、皇太子にも民主主義的な発想を促すため、それを英語教育の中で教えていったともいえる。

ヴァイニング夫人の英語授業は、まったく新しい動的関係をもつようになった日米間において、「アメリカ的な民主主義の思想と実践」を皇太子たちに教えるという「大きな仕事の方便にすぎない」ことを彼女自身が分かっている。しかもそれは昭和天皇自らの意思によるものなのだ。学習院院長の山梨勝之進は、ヴァイニング夫人に宛てた手紙の中で、夫人による皇太子教育がどれほど画期的なことなのか綴っている。

「この問題は広義における教育の問題ではありますが、政治や外交の分野にも測り知れぬ影響を与えることを思えば、どんな国の歴史にもまったく類例を見ないことです」

元より戦争を根本から否定するクエーカー教徒のヴァイニング夫人である。第一章で述べたように、彼女は著書の中で皇太子教育における「非戦主義」の意気込みを、「私は、平和と和解のために献身したいという願いも強かった。日本が新憲法において戦争を放棄したことは、私にはきわめて意義深いことに思われた」と記している。

日本人が平和のためにこの新憲法を一所懸命に守ろうとするのは大切なことだと、ヴァイニング夫人が皇太子に直接言ったか定かな記録はないが、少なくとも、「平和を守り、戦争を避ける」これだけは強く肝に銘じなさいと、英語の授業の中でもそう言っているのである。

ジミーと呼ばれる自由

その彼女の授業で当初問題視されたのは、生徒それぞれに英語名を持たせたことだった。ある生徒は「ジョン」、別の生徒は「アダム」と呼ばれ、そして皇太子はヴァイニング夫人から「ジミー」という別名を与えられた。覚えにくい日本名を間違えれば子供たちに嘲弄《ちょうろう》される。夫人には生徒による外人教師いじめを避けるという思惑もあったようだが、この実験的な試みをおもしろがる生徒たちをよそに、親たちの間では騒ぎとなった。

「日本人の子供に英語名を与えるということは、米国が日本を支配していることを幼心に植え付け、奴隷のように扱おうとしているのではないか。そんなことが許されるのか」

この日本人の憤りを知ったヴァイニング夫人は、関係者にこう釈明した。

「そうではない。私が授業でやりたかったことは、国際的なものの考え方を身につけさせることだったのです。そのための試みだった」

さらに彼女は著書の中で、もう一つの真意を吐露している。

「一生に一度だけ、敬称も一切つけられず、特別扱いもまるで受けず、まったく他の生徒なみになることも、皇太子殿下にとってよいご経験になるだろうと考えたのである」

だが日本人の気持ちに理解を示した彼女は、その後、英名を強いることはなかったというが、このとき皇太子の自負を物語る逸話がある。ヴァイニング夫人が、「このクラスではあなたの名前はジミーです」と告げたとき、即座にこう返した。

「いいえ、私は皇太子《Prince》です」

夫人はこれに対して、「そうです、あなたは明仁親王です」と同意しつつ、「けれどもこのクラスではあなたの名前はジミーです」とさらに迫ると、皇太子は最後には微笑んだという。

ヴァイニング夫人の著書にあるこのエピソードが事実かどうか分からない。だが、もしその通りだったとすれば、当時の皇太子は非常に強い意思を持って「私にアメリカ人の名前をつけて教えるのはやめてくれ」と主張したことになる。

もっと言えば、初めは皇太子は自分たちに英名を冠そうとしたヴァイニング夫人に断固拒否を表明したのだ。これは取りも直さず一個の人間としての「自立」という夫人の目指す性質が、皇太子には元から備わっていることを明らかにしている。アメリカ人教師の提案を無批判に受け入れるのではなく、自らの意思に基づききちんと主張しているからだ。それと同時に、米国人教師に対して一定の距離をおく日本のプリンスの姿勢も見てとれる。

『皇太子の窓』によれば、皇太子の学年は全部で七十三人いる。それが三クラスに別れ、皇太子は二十人の組だった。三方が窓に囲まれた陽当たりのよい教室だったという。

ヴァイニング夫人の英語の授業は特に目新しいものではない。発音の仕方から始まり、「太郎は私の兄弟です。あなたの兄弟は何人ですか」というように生徒一人ひとりが教科書の文章を朗読し、覚えてゆくものだ。皇太子の受けた初歩の英語教育は当時の日本では一般的なカリキュラムだったし、ヴァイニング夫人もそれに則っていたようだ。ただしヴァイニング夫人の話す英語は、当然ながらアメリカ人のネイティブな発音だから、皇太子の英語教育は群を抜いて国際化していたことになる。

この「国際化」していることが、皇太子のその後の人生の中で大きな役割を果たしている。ヴァイニング夫人の教える英語教育は内向きのものではなく、外向きの教育だったうえ、その思想や信条を生徒たちに語らないまでも、クエーカー教徒として人類が引き起こす全ての戦争を否定し、いわれのない人種差別の撤廃を訴えるという極めて人間的な考え方は、授業を受ける生徒たちに強い印象を与えた。皇太子もその中にあったはずなのである。

ここで私たちが考えなければいけないのは、ヴァイニング夫人が普段会話を交わす天皇の周辺の人々は、一般庶民とまったく知識レベルが違うということだ。若いころ欧米に留学し、ほぼ完璧なイングリッシュを操る彼らは知識人の域にあり、幅広い国際知識を身につけたインテリゲンチャである。

ヴァイニング夫人は日本のそうした良質の人たちに出会い、影響を受けている。このため、日本の一般国民の、アメリカという国に対する誤解も含めた様々な思いを直の言葉として知らない。

このため、ヴァイニング夫人は皇太子を「自分の知る天皇側近のレベルに引き上げ、それだけの知的な容積量を持つ君主となるように、私は役立とう」という使命感に近い思いに駆られていったようなのだ。ヴァイニング夫人による皇太子の英語教育が成功した理由にはそれがある。これがもし「英米文化が絶対なのだ」という傲岸な態度をとっていたら、たちまち鼻つまみ者になり、現在まで語り継がれるような存在にはなっていないだろう。

成功のもう一つの理由は、ヴァイニングに対する皇太子の意識だ。

先ほど、「ジミー」という呼称を皇太子が拒んだと書いた。「嫌なことは嫌だ」と率直に主張することで両者に対立感情が生まれたようにも見えるが、むしろこれは二人の間に「融和と協調」の姿勢が生まれる良いきっかけになったのだと思う。

こうした良好な関係を結ぶ一方で、皇太子は自ら進んで何かをしようという積極性はまだなかった。ヴァイニング夫人はこう書く。

「殿下が何事につけても侍従の後見をお求めになるのに私は気づいた。侍従たちの助けを借りずにご自分で考えることがおできにならないらしかった。このような依頼心はお

もしろくないように私には思われた。（中略）

とにかくあらゆる決定を他人に任せて何も自発的にはなさらない殿下の受け身な御態度を改めたいと思って、「最初に何をしましょう、書取り？　会話？　それとも読み方にしますか？」などと言い始めた」（『皇太子の窓』）

学びの基礎となった英語の副読本は多々あるが、ヴァイニング夫人が一九四七年（昭和二十二）の新学期に初めて提供したのが、『We Grow Up』（「私たちは成長する」）という、マクミラン出版が戦中に発行した小学校一学年用の教科書である。

北米大陸の大自然や人々の暮らしぶり、およびその仕事や遊戯の数々を紹介し、さらには先住民族から伝わる神話や伝説など、短い物語をいくつか集めて絵と短い文章を添えて編集したもので、人間同士の友情や協力関係、あるいは進取の精神を尊びつつ、自由と責任の価値をそれとなく教えているものだ。

表紙は頑丈な布で、本文用紙の白さは目映いばかりだった。カラフルな挿画の数々は、物心ついたときから戦争ばかりで粗末な印刷物しか目にしていなかった学習院の児童生徒たちを、ひどく興奮させたという。

このほかヴァイニング夫人が教室に持ち込んだ何冊かの本のなかで、皇太子が興味を示したものに、『馬車輓き仔馬』という作品がある。これは、英国イングランド中央部にあるコッツウォルズという丘陵地帯の農園生活を舞台とし、そこで生まれた仔馬が様々な冒険をしながら大きく新しい世界へと旅立ってゆくという普遍的な物語である。ここでもやはり、仔馬の目を通して自立することの大切さが教えられている。

皇太子がそれを理解できる英語力を身につけるまで、ヴァイニング夫人はいろいろな工夫をしている。英語の授業では日本語を一切使わないことを原則とし、翻訳という手段を用いないで新しい英単語を覚えたり、その意味を推量する方法をとっている。それを続けていくうちに、日本語にいったん置き換えて考えず、いきなり英語で考えるようになるという理論だ。

子供たちの新しいボキャブラリーを増やすために、ヴァイニング夫人は彼らがすでに知っている単語を駆使して理解に導いた。ときには黒板に絵を描いたり、身振り手振りもまじえて意味を伝えることもあったが、『ゴールデン・ディクショナリー』という絵解きの辞書が重宝したという。今、私の手元にあるこのディクショナリーは、当時の日本では見られないほど鮮やかなカラーの書でもある。

皇太子の英語の理解度は飛躍的というほどではなかったが、その進捗は着実だった。ヴァイニング夫人は「殿下は知的に正直だった」としたうえで、こう書いている。

「たとえば、「持ってくる《ブリング》」と「持ってゆく《テイク》」の区別など、判っているような顔をせず、少し困ったような途方に暮れたような表情をしながら、率直に判らないとおっしゃるので、私たちは同じ問題を今度は別な角度から考えてみる。すると、急に晴れ晴れとした、幸福そうな表情が殿下の顔いっぱいに浮かぶので、おわかりになったのだなと私はさとるのであった。念のために同じ問題をさらにくどくどと説明すると、殿下はじれったそうに手をあげて、「そう《イエス》、そう《イエス》、そう《イエス》」とおっしゃる」（『皇太子の窓』）

そんな授業を一ヵ月ほど続けた後、徐々に侍従の同席も必要なくなり、皇后への報告のためにときおり松平慶民夫人が同席するだけで、ほぼ二人だけの授業へとレベルアップしてゆく。その際にヴァイニング夫人が腐心したのは、皇太子でも理解できるやさしい英語で書かれ、なお興味を惹く教材の選択だった。秘書の高橋たねと一緒に絵本を手作りすることもあった。先の『馬車輓き仔馬』もその一冊で、石版画の絵が美しい元の絵本にヴァイニング夫人が解説を加えたものだ。

生徒たちは「教訓」が込められた本を読むたびに、その本の内容と、そして彼女の語る言葉を受け入れていったという。すべての本は小学生向けの平易な英語で書かれてはいるが、彼らの吸収力の早さは驚くほどで、皇太子のクラスの二十人は、学力レベルの高い選りすぐりの生徒たちだったと思われる。

これは、宮内省や学習院のヴァイニング夫人に対する配慮でもあろうが、それ以上に、日本人の能力の高さを彼女に認識してもらうことによって、皇太子の学習内容を引き上げる効果を期待していたのだろう。

皇太子は昭和二十四年（一九四九）十二月二十三日に十六歳の誕生日を迎えた。この日の誕生会でヴァイニング夫人は、缶に入った米国製のテニスボールとともに二冊の英語の本を贈っている。

キャンディとローソクの立ったバースデー・ケーキを皇太子が望まなかったこともあるが、『戸外に出よう』、『海岸へ行こう』と題するそれらの本によって夫人が言いたかったことは、家の中に閉じこもって思索に生きていくだけでは完全な人間にはならない。

少しでも時間を割いて外に出て、自然との触れあいの中でものを考えることで、君主の日常から自らを解放する術を早くから学ばせようとしたようにも思える。

もう一つ言えば、皇太子は後にハゼなど動植物の研究をテーマにするのだが、この二冊の本を贈ったヴァイニング夫人は、父親の昭和天皇がこの年公刊した、『相模湾産後《こう》鰓類図譜《さいるい》』というウミウシをテーマとした著書の、英語監修を担当し、同書を贈呈されている。新種が初めて登録されているこの本の価値は高く、夫人は生物学者としても著名な昭和天皇と同様の学究肌の性質を、当時初等科の皇太子にも見出していたのであろう。

リンカーン像から覗く天皇の真意

英語の副読本の中にリンカーンの伝記が含まれていることは本章の冒頭ですでに記した。このリンカーンの肖像を生徒たちに見せたとき、すぐにわかったのは皇太子だけだった。実はこのリンカーンの大理石の胸像が、以前から宮中御文庫にあるのだ。昭和天皇が皇太子時代に買い求めたもので、書斎の一隅に鎮座しているのを招かれたヴァイニング夫人が見つけ、他ならぬ天皇から入手のいきさつを説明されている。

この他、ダーウィンとナポレオンの胸像もある。ダーウィンは生物学への敬意として、またナポレオンは若かりしころ訪れた欧州の思い出として入手したのだという。いずれの人物にも天皇の深い傾倒ぶりが窺える。つまり、皇太子にとってリンカーンはナポレオンとともに馴染み深い人物だったのである。

昭和天皇はなぜリンカーンだったのか。昭和天皇がアメリカとの戦争を望んでいなかったことは先に触れた。その戦争観について端的に言えば、平和主義者だったかというとそうではない。だが好戦主義者でもなかった。

要は皇統を守るためには戦争こそが大敵だと天皇はおぼろげに分かっていたのだが、第二次近衛内閣時代の昭和十五年（一九四〇）から翌昭和十六年（四一）に続く御前会議で、軍人たちから「自存自衛」の開戦を強く迫られ、不本意ながら同意する。戦争をしなければ国が滅び、皇統など絶えてしまうというのだから、ほとんど脅しである。

ところが天皇は戦争を始めてみて、戦争に勝っても負けても、天皇制というのはつぶれる危険性がある。「戦争とは君主制の最大の敵」だということを、天皇は改めて自覚したろう。

ともかく、昭和天皇は太平洋戦争が始まっても御文庫の書斎からリンカーンの胸像を下げなかった。軍人から陰口を囁かれながらも決して動かそうとしなかったのは、米国との戦争にまったく乗り気ではなかったと言う以外にない。リンカーン像に込められているのは、アメリカとの戦争を忌避した天皇の意思である。つまりヴァイニング夫人が文章の行間に記しているのは、戦争を厭う気持ちが天皇から皇太子へとたしかに受け継がれているのだということである。

ヴァイニング夫人と宮内庁との契約は一年ごとに更改されている。その年俸は当初二千ドルだった段階から、滞日二年を過ぎるころには三千ドルに増額されたという。そのかわり、皇太子への家庭教師の時間が増えただけでなく、そのほかに皇后に週二時間、その他の皇子皇女にも週二回の英語授業が契約内容に盛り込まれている。皇太子の家庭教師という立場から、天皇家全体の英語教師へとその場がひろがっていった。

皇太子が十六歳の誕生日を迎え、年が明けた新学期から教材として使われた副読本は、『彼らは強くて善良だった（『THEY WERE STRONG AND GOOD』＝ストロング・アンド・グッド)』という分かりやすい原題の本で、ロバート・ローソンという挿絵画家の家族の物語でもある。

これはどのような年齢の子供にも向く本で、絵や簡単な物語を通してアメリカ人の「性格」を伝えている。著者の両親や祖父母と、その生活の生地のなかに盛りこまれた人種的軋轢や、さまざまな経験を通してアメリカ社会の有り様を描いている。この作品で著者はアメリカの最も権威ある児童絵本賞を受賞している。

本の内容を簡単に言えば、ネイティブ・アメリカンと、そして欧州から移民してきた人たち、奴隷としてアフリカ大陸から連れてこられた人たちなど、さまざまな人種が混ざり合ってできたアメリカの共同社会のなか、どんなに苦労があろうとも、健気《けなげ》に逞しく生きる人間の尊さが描かれている。

ヴァイニング夫人は、作中の「彼らは偉大でも有名でもなかった。しかし彼らは強くて善良だった」という一文が気に入り、自分が教える生徒たちのほとんどすべてにこの本を使わせている。なかでも皇太子はこの本がお気に入りだったようで、妹の清宮内親王(島津貴子)にもこの本を贈っている。

この本をめぐりヴァイニング夫人との間でどのような会話がなされたのかは書かれていないが、推測すればこういう言葉だったのではないかと思う。

「あなたは日本のプリンスであり、差別や貧困などあらゆる苦労から縁遠いところにいます。しかしあなたはものを見るときに、すばらしく客観視する術を身につけておられるから、社会の矛盾に対しても冷静かつ温かな視点で、『そういったものを許してはいけないんだ』というこの本の主張をお汲みとりになれるはずです」

この『ストロング・アンド・グッド』という作品は「強い」ということと、「良識」ということについてすこぶる象徴的に描かれている。強いとは喧嘩の強さではなく、生き方に力強さがあるということだ。そしてその生き方から常に良識を感じさせることをも意味している。つまり人としてどう正しく生きるかということを問うているのだ。

皇太子が高校、大学を経て今にいたる来し方を見ていると、まさにこの「ストロング・アンド・グッド」（強くて善良）という考え方が、その生き方における一つの軸として存在し、天皇に即位した今もそれを実践されているように、私には思えて仕方がないのである。

少々媚びたように聞こえるかもしれないが、妹宮に同書を贈ったのがその証拠で、自らが感動した本を通じて弟や妹に対する人生上の指針も教えようとしていたのだろう。天皇家という一つの調和の取れた家庭が浮かび上がってくる光景であろう。

ガンジーの非暴力主義

皇太子は社会に対する深い興味を抱き、時事問題に通じるため、ときには一日に新聞四紙を精読することもあったという。インドのマハトマ・ガンジー元首相が死去したのは昭和二十三年一月三十日のこと。そのころ週に一度の個人授業には、皇太子の学友二人が同席しており、授業の一環として毎回何分間か、あらかじめ興味を持った人物をテーマとして語り合うのを常としていた。ガンジーについても題材となった。そして、彼は何のために戦い、そしてなぜ暗殺されたのかが時間をかけて話し合われたという。

カースト制という階級差別社会を否定し、「非暴力」という平和的手段によってイギリスからの独立を目指してきたガンジーは、当時の日本人の間で人気が高く、その死は世界にとって大きな損失と捉えられていた。

このガンジーという特筆すべき政治家の足跡については、フィラデルフィアに住むユダヤ系アメリカ人ジャーナリストのルイス・フィッシャーが、二十年後の一九六八年に『マハトマ・ガンジーの生涯』（邦訳『ガンジー』紀伊國屋書店）という伝記に著している。この作品は一九八二年に英国のリチャード・アッテンボロー監督によって映画化（『ガンジー』英印合作）され、アカデミー作品賞も受賞している。

ヴァイニング夫人がそのルイス・フィッシャーの文章と挿絵による『あなたと国際連合（『You and the United Nations』）を教材として用いたのは、ガンジーが暗殺された直後のこと。これはまったくの偶然である。

この本は漫画と図表と簡単な説明文によって、アメリカの小学六年生レベルの子供に国際連合の思想と組織を理解させようというものだ。ヴァイニング夫人は皇太子と二人の学友とともにこれを音読した後、この本に通底する思想を、互いに駆使し理解できる限りの英語で論じ合うなど、この本を叩き台として政治的社会的な題材にも授業の幅を広げている。

練習問題では、新しい単語と構文を基礎にして短いセンテンスの作文をさせている。

たとえば、「振興する＝promote」「満足した＝contented」「出版の自由＝freedom of press」「失業＝unemployment」「恒久な＝permanent」「機構＝organization」といったキーワードを使って文章を作らせたことがあった。

皇太子は意外に早く内容の濃いものを作文したようで、ヴァイニング夫人はその文章は例示された単語を使うためだけの通り一遍なものではなく、「必ず思想的内容があり、殿下が何を考えておられるかを暗示するものだった」と、『皇太子の窓』で書いている。

皇太子の作文として夫人が象徴的に挙げている二つのうち一つは次のごとくだ。

民主主義は最上の政治機構である　「Democracy is best organization」

このときヴァイニング夫人が皇太子らに提示したキーワードは、「機構＝organization」の方だけだった。皇太子はそこに「民主主義＝democracy」を持ってきて、「democracyというものは、bestなorganizationである」と仕上げたのだ。すなわち、皇太子は、「民主主義というのは政治機構として最高の選択なんだ」と、単純な構文であるがゆえに、その主張は明快であった。

これは実に大事なことだと私は思う。「民主主義」とは何かと問うたとき、それは言葉としての抽象的な概念ではなく、その国民のために最良の組織をつくり、機能させることである。「民主主義」を「機構」と結びつけるのは、実態に基づいた理解をしている証だろう。

ヴァイニング夫人との間で、民主主義についてそうした共通の了解事項があったということは重要な示唆に富んでいる。現代の日本ではともすれば、「民主主義を守ろう」とか「正しい民主主義」というお題目のようなスローガンに終始しがちだが、そうではない。「民主主義というのは、良き組織、あるいは良き人間性、そういうものの集約体なんだ」と、皇太子がそう考える基礎が、この時期にこそ形作られたのではないかと想像できるのである。

いち早く民主主義に目覚めた皇太子

皇太子はヴァイニング夫人とともに、当時東京・代々木にあったワシントンハイツのアメリカン・スクールを訪問している。そこで見た米国人少年たちの授業風景は、日本のそれとはずいぶん違っていた。

生徒たちは横を向いてだらしなく椅子に座り、教師への質問にも遠慮がないのだ。日本ではまずきちんと着座することが求められ、敬意を失した質問などできない。彼らはそんなことなどお構いなしだった。

その翌日、個人教授の時間にヴァイニングは皇太子に前日の学校訪問の感想を尋ねた。教室で子供たちがのびのびしていることに興味をひかれたと答えた皇太子は、しばし考え込むように沈黙し、そして「なぜあんなに自由なんですか」とヴァイニング夫人に問い返したという。

皇太子の問いはつまりこういうことを意味していたのではないか。私たち日本人がいう民主主義では、「人間は平等だ」とか、「長幼の序列なんて古い」などと言いつつも、敬語を使い、形式や格式にこだわったものを民主主義と称しているが、アメリカ人はそうではなく、形にこだわることなく実質的な民主主義を育んでいる。それをたぶん皇太子は疑問に思ったのだろう。「なぜあんなに自由なんですか」というのは、「実質の自由」

に対しての問いかけなのだと思う。

これに対するヴァイニング夫人の答えがユニークである。

「アメリカの子供は大人になったとき自由な人間になろうとしているからです。そして今のうちに、どうしたら人間は本当に自由になれるのか学ばなければならないのです。どうしたら一緒に働けるのか、どうしたら他人の邪魔をしたり傷つけたりしないで自由であることができるのか、を学ばなければならないのです。それを学ぶのは、彼等が学校にいる間なのです」（『皇太子の窓』）

これも重要なことだ。大人になって自由な人間になろうとするには、今のうちに本当の自由を知らなければならない。教師に向かって乱暴な口をきく自由なのか、それとも尊敬の言葉を伝えながらも、しかし言うべきことをきちんと伝えることが自由なのかはともかく、アメリカの学校における自由は、さまざまな試行錯誤をさせたうえで自らごく自然につかむ自由が尊ばれている。

しかし日本の社会では、子供に自由を教えるよりも、まず規律やルールといった大人の作った枠の中で子供は育っていく。自由というものは、教育の中で論理として学ぶけれども、実際の自由は大人になってから自分の力で会得してゆくものだと、皇太子とヴァイニング夫人はそんな会話を交わしたのではなかっただろうか。

ここで私が思うのは、皇太子の明らかな成長である。人間として何を目指すべきなのかというものの考え方は、取りも直さずいずれ天皇に即位する者として何を目指すべきかという、誰にも教えることのできない事柄である。

それは図らずも、日本の近代における明治天皇、大正天皇、昭和天皇のいずれでもない、まったく異なる道程をたどっていることに私たちは気づくのだ。明治天皇はともかく、大正天皇と昭和天皇は帝王学を学んでいる。昭和天皇のそれは大正三年から同十年の間、十三歳から二十歳までの七年間である。大正天皇は皇居の中に御学問所をつくり、そこで昭和天皇に十八人のご学友と一緒にさまざまな教科を学ばせた。

御学問所で学んだことは、当時の政府が作成した枠組みとしての「帝王学」である。昭和天皇が皇太子時代に御学問所の総裁を務めたのは海軍元帥の東郷平八郎だ。彼は古い形のモラルを後の昭和天皇に教え込んでいったが、今上天皇の場合は小泉信三がその役回りとなっている。小泉は元慶応義塾の塾長（第七代）で、戦後に東宮御教育常時参与という形で皇太子教育の責任者となり、その人格形成に大きな影響を与えている。ヴァイニング夫人とともにその一端を担ったわけだ。

こうしてみると、昭和天皇が御学問所で学んだ帝王学と、今上天皇が敗戦を機に教えられたものとの間には、とても大きな開きがあることに気づく。ここに新しい時代の、新しい君主を育てるという宮内官僚の考え方が背景にある。このように、天皇の帝王学を学ぶシステムだけを追いかけても、今上天皇は「敗戦」という大変革の中で独自の天皇像を自らの手でつかんでいったことが分かる。

昭和二十二、三年というと、日本の戦後民主主義教育がようやく始まったばかりで、試行錯誤を経てこれからその花のつぼみが少しずつ開こうかという状態のころだ。

ところが皇太子はこのときすでに民主主義に目覚め、一般社会より一歩前に進んでいる。日本で最初に実践的な民主主義教育を受け、そして理解していった人物なのだという重要な事実に、私たちはこれまで意外に気づいていない。このことは改めて注目しなければならないことだ。

もちろん試行錯誤なしに一足飛びに、「外国からの家庭教師」を呼ぶなどということができる家庭など、そのころの日本には存在しない。そうした恵まれた環境あってのことではあるが、そもそもその環境を活かすだけの能力が皇太子には備わり、自身の努力がそこに加わった。それゆえに重みをもってくる。

皇太子は戦後間もない十三、四歳のころ、民主主義を最上の「機構」として主張した。その皇太子が身につけた民主主義観は、ヴァイニング夫人の教育のたまものだとよく言われるし、またそう受けとめがちなのだが、これまでの経緯をたどってみればそうではないことに気づく。つまり皇太子はヴァイニング夫人を媒介として、ご自身の能力と努力とをもって、新しい形の民主主義を真っ先に実践し始めていたと捉えるべきだろう。

日本における民主主義が形骸化していると言われるが、戦後すぐのころから今も天皇が率先してそれを実践していることの意義を、私たちは今いちど問い直す必要があると思う。その先駆性を知るべきではないだろうか。

繰り返し言うが、皇太子こそが民主主義を最も早く身につけた日本人であり、それは戦後七十年たった今もなお、天皇という立場で懸命に守り続けていると言っていい。

こうしたことを踏まえて、皇太子が学んだヴァイニング夫人のイングリッシュについてさらに深く調べると、皇太子自身が考える戦後日本のあり得べき姿が浮き彫りになってくる。それを「嫌悪」とまで言わずとも、「軍事」との間には明確に一線を引いていることが推測できるのだ。

昭和二十三年夏ごろになると、皇太子の英会話力は自分の意見を述べることができるほど上達しており、ヴァイニング夫人が英語の教材を選ぶとき、皇太子が「どのような興味を持っているか」ということを話し合いながら決めている。十五歳の少年ながら歴史や旅行記などに強い興味を示す一方で、男の子が好みそうな航空機などについてはまったく関心を示さなかったというのである。ヴァイニング夫人は書いている。

「英語のお稽古の教材をえらぶのにも、何に興味をおもちなのか、殿下と御相談することもできた。歴史、旅行記、冒険談、カウボーイの話などに興味をひかれ、学校生活の物語、星、植物、航空機その他機械類の話はお好きでなかった」（『皇太子の窓』）

何げない筆致かつ一切感想を述べていないのだが、ヴァイニング夫人は実は重要なことを記している。航空機に仮託して、それは「戦争」そのもののことを指しているからだ。皇太子の年頃の少年には、戦闘機や戦車、あるいは航空母艦などというものへ興味を持つ者も多いだろうが、なにせ戦中は特攻作戦に疑問を呈したほどだから、皇太子はそういったものに一切関心を示さなかった。ここに一つ重要な意味がある。

統帥権という天皇大権によって、日本の軍隊は天皇の軍隊（皇軍）とされ、日本軍はその統帥権を旗頭に政治を抑圧し、中国大陸や南洋の島々へと進軍していった。皇太子は少年ながらその事の意味を十二分に意識している。人間の本質や文化全般に目を向ける天皇でありたいという意識が、このときに芽生えているのではないだろうか。

昭和天皇がヴァイニング夫人に対して言った、「息子の皇太子には幅広い知識を身につけてほしい」という言葉。そして共同通信元記者・高橋紘に語ったといわれる、「戦争を選んでしまった父親に、子供を育てる資格などない」という切実な真情の吐露。それらの言葉がそのまま皇太子の人間形成の過程で封じ込められていったのではないかと思う。

軍事に距離を置き、むしろ人間はどう生きるべきかに考え方の軸足を置くところにこそ、皇太子の、戦後社会での新しい向き合い方があったのだということが分かってくる。

私はこの点が重要だと考えている。

今上天皇のご心中を深く察すれば、先帝が昭和という時代に犯した戦争の過ちを、どのように清算してゆくのかということに、人一倍強い関心を持っているのである。それは歴史と向き合っての姿勢でもあった。

ヴァイニング夫人は皇太子の成長をサポートするなかで、自らの教育を謙虚に受けとめてくれた皇太子と自分との間にできあがったハーモニーこそが、いずれ日本社会で大きな力をもつ未来の天皇を作りあげていったのだという自負を持っている。

だが皇太子の側から見れば、何もかもがヴァイニング夫人が存在していたから身につけ、得られた知識というわけではなく、元より皇太子に備わっていた能力が少年期に発揮され、それが飛躍的な成長へと結びついたのである。ヴァイニング夫人という良き教師の存在は、御学問所はもちろん、日本の教育機関や制度だけではなかなか得ることのできない貴重な知識を身につけるための契機となったと、そう解釈すべきだろう。

天皇は私たちの国の歴史、文化、学問の象徴であると同時に、軍事や戦争の代名詞であってはならないと私は信じるし、何よりも天皇がそう思っているのではないか。そうした考え方の根幹は、少年期におけるヴァイニング夫人との出会いのなかで、より明確に確立していったのではないかというべきであろう。

逆に言えば、皇太子から天皇へと成長してゆく過程と、私たちの国の民主主義の成長とが分かつことなどあってはならない、軌を一にすべきだと思う。皇太子が先駆けた戦後民主主義を私たちがどう受け継ぐのか。どのように理解するかということは、私たち自身が天皇から問われていることなのだ。

マッカーサーの口頭試問

次章に移る前に、GHQのダグラス・マッカーサー元帥による皇太子の〝口頭試問〟について触れておかなければならない。これは一見傲岸なアメリカ人将軍が、日本の次のエンペラーがいかなる若者なのかを勝者の目線で鑑定する儀式だった。だが皇太子はそれにいささかも臆することがなかったばかりか、若きプリンスらしい威厳ある受け答えにマッカーサーはすっかり感心している。

ヴァイニング夫人は来日以来、年に一度か二度、皇太子の英語の上達ぶりを報告するためマッカーサー元帥の元を訪れていた。皇太子との会談が話題に上ったのは昭和二十四年（四九）四月のこと。皇太子が二人で対談できる程度の英語力ならば会いたいものだとマッカーサーから切りだした。

そのタイミングは夫人に一任された。たしかに皇太子の英語は流暢とはいえなかったが、マッカーサーが大きな期待さえ抱かなければ対談は十分成立すると判断したのは二ヶ月後。皇太子がヴァイニング夫人にともなわれて東京日比谷の第一生命ビルにあるGHQを訪れたのは、六月二十七日の月曜日、人通りの少なくなった午後七時のことだ。ヴァイニング夫人が再現した二人の会話は終始和やかだ。マッカーサーは息子に接するように皇太子に英語で話しかけた。長くなるが、その著書から引用しておこう。

元帥　はじめまして、サー。お目にかかれて嬉しく思います。

殿下　はじめまして、元帥。あなたにお目にかかれて嬉しく思います。

元帥　お父上によく似ていらっしゃる。（私に向かって）似てらっしゃるねえ。

ヴァイニング　ええ、そうですわね。でも、お母上の面影もおありになると思います。

それから元帥は殿下に、何歳かと尋ねた。

殿下 アメリカ式では十五歳です。
元帥 日本式では十六歳ですか。
殿下 十七歳です。
元帥 十五歳にしてはなかなかしっかりしていらっしゃる。
殿下 （笑いながら）背はそれほど高くありません。
元帥 放課後は友人に会いますか。
殿下 （放課後《アフター・スクール》の意味が分からず、私が助ける）はい、友人たちとテニスをします。
元帥 お父上には、どのくらいお会いになりますか？
殿下 週一回、いえ、週二回です。土曜と日曜に皇居に行き、その時父に会います。
元帥 そこで、お母上にもお会いになるのですか？
殿下 はい。
元帥 ご両親に毎日お会いになりたくはありませんか？
殿下 （考え深げに）この方法が良いのです。（それからつけ加えて）この方法も良いのです。
元帥 毎日曜日、教会に行かれますか？

ヴァイニング　今まで教会にいらしたことはおありになりませんわね？

殿下　はい、ありません。

元帥　私が言ったのは皇居の中の神社のことだ。彼はどのくらい行くのかね？（私がその質問を殿下にすると、そう度々ではありません、年に二回です、と殿下はおっしゃった）

この後マッカーサーはフィリピンで生まれた自らの息子を引き合いに出し、さらに懐かしむように皇太子と語り合っているが、この部分は省略する。

最後にマッカーサーは次のように話しかけている。

元帥　あなたは外見以上に、いろんな点でお父上に似ていらっしゃる。（これは、私が殿下にご説明申し上げなければならなかった）（私に）殿下をお連れ下さってありがとう。

ヴァイニング　これは、まさに歴史的会見だったと思います。ありがとうございました。

私は立ち上がり、殿下もそうされた。

元帥は「さようなら、サー。おいで下さってありがとう」といった。二人は握手され、殿下はとても上手にお礼とさようならをおっしゃった。

会見の間、皇太子は実に自然に振る舞い、マッカーサーの目をしっかり見つめながら会話した。ヴァイニング夫人は、「殿下は魅力的で、自らを制し、威厳があった。」と書いているが、それはマッカーサーも同様だったようで、夫人が帰宅すると副官のバンカー大佐が電話でこう伝えてきたという。

「あなたの生徒が、見事に試験にパスしたことをお知りになりたいだろうと思いまして。元帥は下りて来られるなり、とてもいい印象を受けた、殿下は落ちつきがあり、魅力的だとおっしゃっていました」

会談でマッカーサーは皇太子に、「あなたは外見以上に、いろんな点でお父上に似ていらっしゃる」と言っているが、きちんとした意思表示のできる、知恵のあるプリンスだということをこのとき初めて理解したのだろう。

もちろんヴァイニング夫人は、皇太子がマッカーサーと会談できるほど立派に育ったのだと、自慢げに書いている。もちろん、小泉信三とヴァイニング夫人が皇太子教育について綿密に話し合いながら進めた成果であるのは間違いないが、この歴史的会談の真の意味は、ヴァイニング夫人の英語教育や民主主義の実践教育を経たスプリング・ボードとなったことだ。もっと言えば、皇太子はここで初めて将来の君主としての出発点に立ったと理解すべきだろう。

こうして見てくると、あらためて皇太子はどのような英語の副読本を読んだのか。ヴァイニングはどのような本を薦めたのか、さらにその内容が気になってくる。

それらの本の題名とテーマの一部についてはここまで部分的に紹介してきたが、その全体図についてはヴァイニング夫人の書いた『皇太子の窓』、あるいは『天皇とわたし』（秦剛平・秦和子訳、山本書店、一九八九年刊）を参考にもう少し検討を進めてみたい。それぞれの本にはどのようなことが書いてあるのかと問い直しながら、読み進めてみる必要があると思うからだ。

どの部分に力を入れてヴァイニングは英語教育に臨み、そして皇太子はそれをどう取り込んでいったのだろうか。仮にこれらの本で会得したものを明仁天皇がいまも忘れず携えているとするのなら、それは取りも直さず戦後の日本社会に根付いた民主主義の原点そのものといえるのではないだろうか。それを確認したいのである。

4章

ヴァイニング夫人は何を教えたか

——様々な英語副読本

皇太子にもっと広い世界を

ヴァイニング夫人が皇太子教育のために用いた副読本は、百三十九ページの別表のとおり数多いが、「巧みに良書を採用している」というのが私の印象である。アメリカ国内でも、「理想主義的な教育に適している」という定評があるようで、そういった書物を選択したのも、夫人がクエーカー教徒ゆえのことなのだろう。ただし、皇太子は必ずしもそれに満足していたわけではないと、私は思う。

当時の学習院高等科における皇太子のルーティンは、一般の生徒とはかなり違っていた。火曜日から土曜日までは午前中だけ他の生徒と一緒に学習院で授業を受ける。そして月曜日とその週のほかの午後は独り学校か東宮御所でヴァイニング夫人はじめ学科ごとの特任教師たちから授業を受けるという形だった。

教授陣は当代を代表する学者たちで、後に反権力的な思想へ転ずる家永三郎のような人物が入っているのも、この頃の時代状況を反映している。

国語　東大教授　久松　潜一
数学　埼玉大学教授　杉村欣次郎
仏語　東大教授　前田　陽一
歴史　東大教授　山中　謙二
同　東京教育大教授　家永　三郎
物理　東大教授　坪井　忠二
同　同　小谷　正雄
英語　フレンズ学園　エスター・B・ローズ
同　学習院教授　R・H・ブライス
倫理　元慶大塾長　小泉　信三
経済　同右　同右
音楽　お茶の水女子大教授　小松　耕輔　同　学習院教授　小出　浩平
美術　東大教授　矢崎　美盛　同　国立博物館資料課長　田澤　坦
和歌　東京外語大教授　五島　茂

昭和天皇の東宮時代は、特に選抜された学友七、八人とともに御学問所でのみ授業が行われている。それからすると今上天皇の皇太子時代は、一般の学生とも接しながら特別教育も受けるという折衷案で、一週間の授業三十三時間のうち、その半分を単独授業に充てるというアイデアだ。

これを主導したのは教育掛の小泉信三なのだが、ヴァイニング夫人の考え方もかなり影響しているように思われる。

というのも、ヴァイニング夫人の基本的な考え方は、皇太子は学友と一緒にいる時間をできるだけ長くとった方がよいというものだが、その一方で将来学友とともに一般市民として社会に巣立っていく立場にはないことも分かっている。

「そのためにはやはり特別な教育を受けるべきであるし、私はそれに協力したい。そのための自分なりのプリンス教育のビジョンを持っている」

という意味のことを言っている。

英語を教えているのはクエーカー教のフレンド学園から派遣されてきたローズ女史で

ある。ヴァイニング夫人はあくまでも皇太子専属の教師だから、専任の教授陣とは異なるのだが、いずれも一流の教授による皇太子の高校時代の教育は、感受性豊かなこの年頃の皇太子に大いに影響を与えたと思われるのである。

ただ、ここで見えてくるのは、高度で広範な学問を学ぶのとは別に人間性の教育をどこで埋め合わせるかということだった。ヴァイニング夫人の言う「ビジョン」とは、まさにこのことだろう。実際、ローズ女史しかり、戦前から日本に暮らす学習院の英語教師ブライスはもちろんのこと、彼等は学習院の英語教育だけに専念し、帝王教育には一切口を挟んでいない。昭和天皇の意を直に受けているヴァイニング夫人をうまく立てていたことが窺える。

それではこうした一流の教授陣による教育システムによって、彼らはどのような皇太子像を思い描いていたのだろうか。

小泉信三も、学習院も、そしてヴァイニング夫人にしても、共通して言えるのは、「語学が達者で世界に通用する日本のプリンス」なのである。英会話に長じるのはもちろん、日本文化、一般的知識、教養など、しかもそれらはかなり高度な内容に通じるプリンスであってほしいという強い願望が、高度なカリキュラムに反映している。そして皇太子はそれを忠実に理解し、よく勉強したのだと思う。

マッカーサーの皇太子に対する〝口頭試問〟については、第三章の末尾で紹介した。当時十五歳の皇太子は長身の軍人に怖じることなく威厳をもって相対しているのだが、ヴァイニング夫人は『皇太子の窓』の中で次のような会話も記録している。

元帥 お父上のように日本中を旅行されたことがおありですか？

（殿下はこれにお答えになろうとしていたが元帥は待たずに、続けた）

キーヨオトーに行かれたことはありますか？

（殿下がキョトンとされているのに元帥は辛抱できなくてもう一度くり返した）

キーヨオトー？

私はできるだけ遠慮がちに小声で、京都というと、殿下はすぐに「はい、一度、二年前に行きました」とおっしゃった。

元帥 京都は気に入られましたか？

殿下　はい、けれども、東京ほどではありません。

元帥　うん、それはわかります。東京は美しい街です——というか、戦禍から立ち直った時にはそうなるでしょう。どの大学に進まれるのですか？

殿下　決めていません。

元帥　どうして決めないのですか？（間）あなたのお友だちはどこの大学に行きたがっているんですか？　東京大学？　早稲田？

殿下　東京と学習院です。

元帥　そうお決めになったら、お父上にお話なさい。あなたのご希望には多大の留意を払われるだろうと確信しております。

殿下　あなたはどの大学に行かれたのですか？

元帥　ウエスト・ポイントに行きました。

殿下　ウエスト・ポイント？

元帥　軍事学校です。

殿下　あー、そう、そう、そう。

元帥 いつかご覧になりたいと思われることでしょう。いつ、お父上のように世界を旅行しようと思っていらっしゃるんですか?
殿下 (とてもチャーミングに笑いながら)分かりません。
元帥 世界を見るのはいいことです。合衆国や英国をお訪ねになるといい、外国の大学で勉強されるといい。アメリカには、ハーバード、エール、プリンストンが、英国にはオックスフォードとケンブリッジがあります。世界は狭くなりつつあります。他の国々を見、他の人々を知り、理解し、友人になるというのはいいことです。
殿下 はい、私もそう思います。

この対話で分かることは何か。
一つは、十五歳の皇太子にとって、天皇家の発祥のような土地である京都は「東京ほど」気に入った土地ではない。つまり、このころの皇太子には皇室のルーツについてあまり関心がないということが窺えるのではないだろうか。

二つ目は、マッカーサーが皇太子に何を求めていたかだ。

戦禍から立ち直れば東京は美しい街になるだろうと言い、マッカーサーは、「どこの大学に行くのか」と問うた。皇太子は「決めていない」と答えつつ、マッカーサーの出身大学を尋ねた。

マッカーサーは「ウエスト・ポイント」、つまり米陸軍士官学校を極めて優秀な成績で卒業している。第一次大戦後には三十九歳の若さでその校長に就任し、学内の体質を一変させる大改革を行っている。フィリピンの極東陸軍司令官に着任したのは一九四一年（昭和十六）七月のこと。五ヶ月後の十二月の太平洋戦争開戦以来、日本軍との激戦を指揮してきた。

マッカーサーは戦勝国のトップとしてではなく、世界を股にかけてきた一人の軍人として日本のプリンスに留学を奨めている。ハーバード、エール、プリンストン、そしてオックスフォードにケンブリッジといったエリートを多く輩出したアメリカ、イギリスの名門大学の名を挙げた。そして投げた次の言葉こそ、マッカーサーがこの日の会談でもっとも言いたかったことではないだろうか。

「世界は狭くなりつつあります。他の国々を見、他の人々を知り、理解し、友人になるというのはいいことです」

いろんな国を訪ねなさいと、そしてよく勉強し、あえて今の言葉でいえば、「グローバルな天皇になりなさい」という勧めなのだろう。やはりそれは、昭和天皇が国際社会で見聞をひろげることができずに成長したことと、日本という島国が世界を相手に戦うことになってしまったことへの、マッカーサーなりの思いの表れだ。つまり、「あなたはもっと外に出て、国際社会の中での日本の皇室がどうあるべきかを考えなさい」と、そう言いたかったのだろう。

この対話は多くの示唆に富んでいる。このような皇室観を持つマッカーサーという人物がGHQに君臨することによって、日本の天皇制はある種の安寧《あんねい》が保証されたのだと思う。これがもし頑迷な軍人で、「私たちはあなたの国を支配するのだから、あなたは私たちの考え通りに振る舞いなさい」などと強要するようであれば、そこには修復できないほどの軋轢が生まれていただろう。

実際、ヴァイニング夫人が描写した二人のやりとり全体を見ると、最初は皇太子がずいぶんと警戒している様子なのだが、マッカーサーの投げた言葉を皇太子なりに納得することによって、この日の両者の「対話」が成立したのだなと思い至るのだ。

ヴァイニング夫人は『皇太子の窓』の中で、この日のことを感慨深げに書いている。

私は、征服者である一人の将軍が、昨日までの敵の息子をくつろがせ、前途有為の少年に対する年長者の温かい興味といったものを示しながら、しかも同時に一国の皇太子への当然の恭敬の色を見せながら、殿下に話しかけている姿を見た。私はまた、敗戦国の皇帝の子息が、昨日までの敵の頭目に面と向かい合って、おめも臆しもせず、少年らしい威厳を保って、率直に受け答えしている姿を見た。今日この世界で、こんなことが起こり得たのを目のあたりに見て、私は嬉しくてならなかった。

天皇とマッカーサーの〝黙契〟

アメリカは戦後の日本の皇室の在り方に対して過剰に介入せず、古来からの文化を尊重した。またその一方で、皇太子に「グローバルな天皇を目指しなさい」と示唆する懐の深さを見せている。

それゆえに、「アメリカナイズされた天皇制」などという言い方もされるのだが、他方において一九世紀から二〇世紀にかけての世界の政治的な潮流は、軍事主導の「ファシズム体制」から政治主導の「民主主義体制」への転換期にあったのもまた事実である。

もちろん「軍事」がなくなるわけではないが、非軍人であろうと政治的発言に有効性を持ちさえすれば、世界を説得できるということは、戦後社会ではインドが証明している。核兵器を保有するインド軍は存在するが、それ以前のこの国の特徴は武力行使よりも相手を説得する論理を持っていたということだ。それこそが世界を動かす力となる。

軍人であるマッカーサーはそこまで言ったわけではないが、ヴァイニング夫人が対談から読みとり、そして自ら主張したかったことは、その平和的な役割を新時代のプリンスに期待した、ということではないだろうか。

戦後日本の新しい憲法のなかで、「象徴天皇」についてはその位置づけがもっとも問題になるところだが、私は昭和天皇とマッカーサーとの間には、「黙契があった」と考えている。黙契とは、あえて言葉にするまでもない明らかな約束ごとのことだ。

それは目と目で会話することで確認できる、皇太子の将来に関する二人だけのルールでもある。

私は第一章で、共同通信の高橋紘がヴァイニング夫人から取材した昭和天皇の正直なお気持ちについてふれた。

「戦争を起こした張本人である私が、息子の教育に当たる資格などありません」という天皇の言葉を聞いたヴァイニング夫人は、自らの戦争責任を深く感じ入る天皇を知って感動しているのだが、マッカーサーはその責任を天皇に問わなかった。東京裁判でも東條英機などの戦犯に天皇責任を否定させているし、免罪にしている。

それは占領軍が日本を統治するために天皇を利用するということである。もし天皇制を廃してしまえば、日本人のなかに暴動まがいの争乱が起こるだろう。ならば昭和天皇を免訴して、占領統治に利用した方がよいということになる。

だがその一方で、天皇と皇太子の役割は違えていかなければならない。次代を生きる皇太子には、父親とは異なる道を歩ませなければならないということが、天皇とマッカーサーとの間での共通認識、すなわち「黙契」になっていて、それが皇太子の学習院中等科と高等科の教育に反映されていたのだと私は思う。

戦前の軍事主導体制による大日本帝国憲法では、天皇は国家の主権者だが、戦後は象徴に変わった。「象徴」という極めて抽象的な概念だが、あえて具体的にいえば、国民の模範になることと、そして「グローバリズム化の天皇」、というイメージを定着させていくことにあったはずである。

軍事からいっさい切り離し、日本の文化、伝統、国際友好の象徴へと変転させていくことが、マッカーサーと天皇と、そしてヴァイニング夫人の共通認識だったように思えるのである。そして皇太子もそれを受け入れて、三者の望むなかで育っていったということになる。

昭和天皇はアメリカによる「天皇制の政治利用」を甘んじて受けいれる代わりに、日本と皇太子の将来を約束させようとしたのだろう。

その皇太子教育のためにヴァイニング夫人が使った本は主にアメリカのものだ。それはたとえばリンカーンの伝記であったり、米国の子供向けの寓話などだが、人間性を尊ぶエピソードが盛りこまれたものが数多い。

■ヴァイニング夫人が皇太子教育に使用した英語副読本リスト（『皇太子の窓』より、文中登場順でタイトルのみ）

○『知識の書』（『Book of Knowledge』）
○『ゴールデン・ディクショナリー』（『Golden Dictionary』）
○『馬車輓き仔馬』（『Shire Colt』Jan and Zhenya Gay）
○『エブラハム・リンカーン』（『Abraham Lincolu』d'Aulaire）
○『私たちは成長する』（『We Grow Up』）
○『大きな翼』（『Wide Wings』
○『旅に出たなら』（『If I Going』Rowe Petersen）
○『彼等は強くて善良だった』（『They Were Strong and Good』Robert Lawson）
○『あなたと国際連合』（『You and the United Nations』Lois Fisher）
○『森の子』（『Boy of the Woods』John James Audubon）

○『ぼくの週刊新聞』(『My Weekly Reader』

○『遠い昔、多くの国々の物語』(『Tales From Long Ago and Many Lands』Sophia Fahs)

○『ジョージ・ワシントンの世界』(『George Washington』Genevieve Foster)

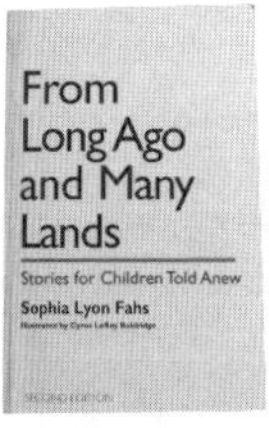

○『ジュリアス・シーザー』(『Julius Caesar』William Shakespeare)

○『エイブ・リンカーン生い立ちの記』(『Abe Lincoln Growd Up』Carl Sandburg)

○前出『遠い昔、多くの国々の物語』(『Tales From Long Ago and Many Lands』)所 収の『アトリの鐘』というイタリアの伝説(One of the tales was the Italian legend also retold by Longfellow in "The Bell of Atri.")

○『天路歴程』(『Pilgrim's Progress』プロテスタントの宗教書)

これらの本を俯瞰すると、ある種の統一性に気づく。

一つは、人間はいかなる苦労や困難に直面しても、決して負けないで筋を通し一所懸命努力しているうちに、やがて道が開けてくるという教訓である。そこには挫折せずに努力を続けることの意味が示されている。

次の一文は、前章で紹介したヴァイニング夫人お気に入りの本の冒頭部で、皇太子も妹宮にプレゼントしている。


『彼等は強くて善良だった』（THEY WERE STRONG AND GOOD）前文

これはわたしの母、父、そして彼らの父母のものがたりだ。

かれらがどんな人生を歩んできたかを聞いたのは、わたしがまだ小さい頃だったので、ここに書いていることには、まちがいがいっぱいあるかもしれない。肝心なところを忘れてしまったり、起きたできごとや相手を別の話とごっちゃにしてしまったり。でもそんなことはたいしたことじゃない。だってここに書いているのは、わたしの母や父だけの物語ではないからだ。自分をアメリカ人と言う多くの人々の母や父、そして祖父母が歩んできた人生の物話だからだ。

偉大でもなければ、名を後世に残したわけでもない、でも彼らは強くまっすぐに生きた。懸命に働き、たくさん子どもを作った。彼らが力を貸して合衆国を偉大な国（グレート・ネイション）に築き、今もそれは続いている。彼らを誇りに思い、彼らの遺した伝統を守ろう

わたしは母のこと、父のこと、彼らの両親のことを誇りに思っている。そして彼らが力を貸して築いたこの国のことも

さらにリンカーンの評伝などは典型的だ。どのような困難があろうとも、決して弱音を吐かず、強い意思を持って人生を乗り切っていく姿が描かれている。夢を抱いて親もとから旅立つ次のシーンは、父親のトマス・リンカーンの視点から描写されている。それは昭和天皇の皇太子への思いと、新しい時代に乗り出そうとする皇太子の姿を彷彿とさせるものだ。

大きくなったリンカーン

お父さんに「行ってきます」、と言うのはへっちゃらだった。でもお母さんのサリー・ブッシュに頬をよせ、ひょろ長い腕で抱きしめてから、じゃあ、これからぼくは広い世界で自分の場所を見つけてくるからね、というのは大変だった。

父親のトマス・リンカーンは笑って息子を見送り、立ち寄った人にこんな風に言ったそうだ。

「エイブときたら、まだ教育とやらに夢中になっていてな。わしがいくら口すっぱくして忘れろと言うても、あいつの頭から教育たらいうやつをひきはなせないんだわ。わしは教育なんてこれっぽっちも受けとらん。でも受けたとしても今のわしほど、うまくやっておらんわ。たとえば帳場！　帳場をまかされたら、わしは世界一よ。どうやるって、ほれこうやって薪に三本線をひいておいて、客に食事を出したら一本縦に線を書く。支払いが済んだら、ふきんで線を消す、これだけよ。これで教育なんかよりずっとましにやっとるわ」

話を聞いた人は友人たちにトマス・リンカーンは今まで自分が会った人のなかで「一番頭の切れる物知らず」と話した。

ハンカチに包んだ自分のわずかな荷物を、棒の先に結んで肩にかつぎ、エイブラハムはニューセイラムを目指していった。

ヴァイニング夫人が持ち込んだ数々の副読本の二つ目の特徴は、国籍や人種を超え、人間として生きていくうえで必要な共通の倫理観を中心に教えているということだ。時代や民族の枠にとらわれていると考え方が歪むといいたいのであろう。

これはたぶんクエーカー教だけではなくキリスト教一派の特徴なのだろうが、ヴァイニングにとっては信仰がなによりも大切で、国家や政治体制などよりも、「信仰に忠実に生きる」という考え方だ。聖書を携えイエスの教えの下にヒューマニズムに生きてゆく姿勢と言ってもいいだろう。

しかし教科書通りの倫理観や道徳観ばかりで人間社会は成り立っているわけではない。あらゆる不浄のものが実在し、嫉妬に駆られた裏切り、殺人や戦争も厳然とある。だが人類はそういったものを乗り越え、克服しなければならないのだということを徹底的に教え込もうというのが、副読本に共通する二つ目の特徴だが、これが行きすぎると、教室での皇太子に「ジミー」と名付けてしまうような無国籍風の没個性の教育になり、西洋文明礼賛のようにも受け取られかねないのだ。

ヴァイニング夫人に欠けるもの

今上天皇は、「ヴァイニング夫人の教育が私をつくったすべてではない」という意味のことをよく話される。それはヴァイニング夫人を全否定するものではなく、その教育の不足部分、もしくは理解できなかったところを自覚しているためだと思う。

たしかに国難に負けず、常に努力して生きるという人類普遍の信仰真理を探究するのも一つの考え方だろうが、この国を背負って生きている私たちにしてみれば、日本の文化、なによりも天皇制をどう考えたらよいのかという疑問が当然わく。皇太子がヴァイニング夫人の教育だけでは分からなかったこと、決定的に欠けていると思われるもの、それが何かといえば、結局は「ナショナリズム」の視点なのだと思う。

独善的な国粋主義を意味する語彙ではもちろんない。私たちの国には独自の文化や伝統がある。自然と共生しながら質素で真面目に着実に、ものを大切にして一つひとつ時間をかけて紡いでいくような感性が、「和の文化観」ではないかと思う。天皇制はそれを補完し、もしくは中心にあって役割を果たしてきた歴史があるはずだ。

古来からある和歌や武士道などというものとは別の、「日本人として立脚するその足場に一体何があるか」ということ。私はそれが日本のナショナリズムだと思うし、天皇は皇太子時代に受けたヴァイニング夫人の教育にはその視点がないと感じたであろう。皇太子がそれを独自に模索するとき、そこで依拠したのはやはり小泉信三だったと思うのだ。

小泉は豊富な留学経験から欧米の思想や哲学を身につけているのに加え、日本の帝王学や文化など、東西文明に広く通じている。慶應義塾塾長の小泉の師といえば福澤諭吉である。福澤による幕末から明治初期の和洋折衷のプラグマティックなものの考え方が、小泉に昇華されていたのだろう。すなわち小泉の教育は、福澤諭吉を教えることによって「ナショナリズムとグローバリズムのどちらにも偏らない」という絶妙のバランスをとっていたのではないだろうか。

ただ福澤の考え方は『脱亜論』に代表されるように先進的な西欧重視であり、アジアの後進性からは距離を置いている。そして宗教など情念的なものには重きを置かず、それを国の政策に連関させようなどと考えもしない近代合理主義者である。

つまり皇太子への教育は、小泉を通した福澤の「非宗教的な実利主義」と、逆にヴァイニング夫人の「宗教的背景を持つ理想主義」とが渾然となっている。そこに父親である昭和天皇の期待とマッカーサーの助言、もしくは先述した「黙契」とが相俟《あいま》って中学高校時代の皇太子に大きな影響を与えている。それはいわば次代の天皇に施された日米協調の戦後カリキュラムとでもいうべき意味があるように思う。

ヴァイニング夫人は敬虔なクリスチャンではあるが、そこはやはりアメリカ人らしく、基本的には自分の意見や考え方を強く主張しないと生きていけない社会で育っているから、中途半端な考え方や自己主張を避ける態度を認めようとしない。

皇太子は特にそうであってはならないと彼女はいう。嫌なこと、できないこと、不満なこと、疑問に思っていることをきちんと相手に伝えることによって、人と人とのコミユニケーションが成立するのだと言っている。

彼女は、「日本人は散文で露骨に言えないことを婉曲に表現したいとき、ほとんど詩の表現を用いる」と言っている。日本人は言いたいことを押しかくして、彼女いわく「Ｐｏｅｍ（ポエム）」で表現しているといい、それらがたぶん「和歌」に収斂《しゅうれん》していくのだろうと記す。天皇家は和歌を詠むのが仕事ともいえるが、夫人にはそれが理解できず、「詩」など呟くよりも、言辞を尽くして主張すべきということになるのである。

このため彼女は授業中に沈黙しがちな日本人生徒たちにかなり腹を立てている。日本的な「謙遜さ」や「奥ゆかしさ」、または「口にしなくても分かるだろう」という呼吸のようなものが彼女にはまったく通用しないのだ。

しかし皇太子がこうした体験を経たことは大きいと思う。沈黙する君主の意を下の者が忖度《そんたく》して物事を決めていくのではなく、君主自身がきちんと主張すべきであるということは、ヴァイニング夫人が徹底して教えた成果だったと私は思う。

少しばかり話は飛ぶ。皇太子が天皇に即位されて以後、いくつも「おことば」が表明されているが、それらはすべて天皇ご自身が筆を入れておられると耳にする。官僚が書いたものを読むのではなく、「自らの言葉は自らの責任で書き残す」ことを信念としてお持ちなのだ。

戦後七十年を迎えた二〇一五年八月十五日の「おことば」には、それがよく表れている。かつての日本軍の行為について「反省すべきところは反省すべき」と断言している。この辺りは安倍首相の「戦後七十年談話」などより主張が鮮明であり、分かりやすい。

近代における歴代天皇を見ても、大正天皇、昭和天皇は言葉数少なく、明治天皇においてはまるで言葉を発していない。そうすることで権威を持たせようとしたのだが、今上天皇はそれら先達とは一線を画している。ヴァイニング夫人という家庭教師がもたらした教育成果のある断面は、今も天皇のなかに生きていると言っていいだろう。

ただしそうした考え方は、天皇に客観的視点を与えたともいえる。ことに高校時代の天皇は、教師の言うことはすべて正しいのかという疑問を持つことになる。数学や自然科学の勉強であれば答えは一つだが、社会科学的、人文科学的な問題の答えは一つではない。

天皇が学習院高等科に通っていた昭和三十年代初めの日本は、左翼運動が活発化している。これは一部の本に書かれていることで、重要だと思われるのだが、学習院のキャンパスでも皇太子に対して密かに左翼視点からの無礼な言葉を囁く人たちもいたし、また「反皇室運動」もひろがっていた。

労働の義務はなく、ただ象徴として存在するだけに見えるのが天皇である。皇太子をめぐり、学内では左翼の一部からかなりの嫌がらせがあったとの証言もあるが、それは歴史の一部を切りはなしてみているための欠陥ではないだろうか。

このような空気のなかで、皇太子は自らの存在理由について考え抜いたはずだ。その答えは教師たちや級友との会話のなかからつかんでいったのだと思う。

だがヴァイニング夫人の授業には、その答えを見つけるきっかけはなかったはずだ。つまり、「人間として良質であれ、真面目であれ、言いたいことを言いなさい、そして一所懸命国民のために尽くしなさい」と言われても、その根っこの部分への回答はない。それは皇太子自身が考えなければならないことだった。

左翼思想が力を持つ昭和三十年代にあって、皇太子は戦争が起きた理由を確かめたいと考えたという。つまりきちんと開戦を拒否しなかったからではないかという昭和天皇への不満をもったとの説もある。だが天皇制の仕組みや戦前の流れを知らないヴァイニング夫人にはこの疑問に対する助言など不可能である。

このきっかけとなったのは、小泉信三らに勧められた戦前の資料の読み込みである。『西園寺公と政局』（原田熊雄日記）や『木戸幸一日記』などの、東京裁判でも証拠採用された第一級資料である。

皇太子は、昭和五十年代の記者会見であったか、いみじくも次のような意味の発言をされた。

「私は勉強しました。先帝の平和を望む気持ちが結果的に軍に無視された。それが歴史のなかの形だと分かりました」

先帝の苦労が私にはよく分かった、という意味になるだろう。

私は天皇より六歳下だが、我々の世代は若いころ、親に向かってこう言った。「なぜ戦争に反対しなかったんだ」と。それが親子喧嘩の原因になることがどの家庭でもあった。

しかし長じて社会の仕組みを知り、戦前の本を読むようになると、たとえ戦争に反対しても、それは死を前提とするか一生を棒に振る覚悟が必要だったことが分かるようになる。

そうすると、「なんで戦争に反対しなかったんだ」という質問がただの「きれい事」にすぎないことが分かる。しかも昭和天皇の本意は戦争に反対だったにもかかわらず、それを軍部が騙す形で開戦に持っていったことが歴史資料などからも明らかになってくる。

だから、今では当時の先帝を責めるのではなく、軍事指導者を許さないというお気持ちなのだ。記述したことでもあるが、平成二十七年の年初に「満州事変に始まるこの戦争」と述べられたのは、「先帝の反対をおして軍部が戦争を拡大した事実を考えてください」という意味だろう。

皇太子はこうやってヴァイニング夫人の教育から欠落していたものは自分で補っていったのだと思う。

ここで触れておくべきだと私が思うのは、ヴァイニング夫人の心の中にあったと思われる「上から目線」、つまり日本の一般庶民に対する優越的な意識である。ヴァイニング夫人の書いたもののほとんどすべては、首都東京と皇室を舞台とし、天皇家を始めとするこの国の上流階級との交流に終始し、庶民との接点はまったくない。

目白の一軒家に住み、家具は赤坂離宮から運び込まれたもので、普段の生活は語学に堪能な秘書の高橋たねというクエーカー教徒の日本人女性が、住み込みで世話をしていたのだから、ヴァイニング夫人は日々の細々した一切のことから解放されている。

結局、彼女は当時の日本国民の全体像を理解しないまま帰国したと思う。理想主義的な副読本の数々からは、そうしたことも見通せるのだ。

奴隷解放宣言を暗記した皇太子

天皇は十七歳のころ、リンカーンによる「ゲティスバーグの演説」を暗記したことがある。この演説はいわゆる「奴隷解放宣言」と呼ばれるもので、ヴァイニング夫人の前で暗唱してみせると彼女はひどく感心し、いずれ外交的な晩餐会などで、このリンカーンの言葉を巧みに採りいれてスピーチすれば、米国大使を驚かせることができると密かに希望を抱いていたのだが、皇太子はやがて忘れてしまったという。

以下はその全文である。この宣言をそのまま記憶されていなくても、ここに書かれている精神は、全文を暗記することで身につけたであろう。

アメリカ合衆国大統領による宣言書

西暦一八六二年九月二十二日、米国大統領による宣言書が発布せられたが、右は、なかんずく、以下の条文を含むものであった。即ち、

一、西暦一八六三年一月一日を期し、合衆国に対し、その時まで反乱状態にある州または州の一部において奴隷として保持せられているひとはすべて、自今、永久に自由とすべきこと。さらに、合衆国行政政府は、その陸海軍を含め、これらのひとの自由を承認し、維持することとし、かつ、これらのひとが実際の自由のために行う努力について、全体についても個人についても、これを抑圧するが如き措置をとってはなら

ないこと。
一、合衆国行政長官は前述の一月一日を期し、その時までにその人民が合衆国に対して反乱状態にあると思われる州または州の一部をそれぞれ指定すること。さらに、当該期日にいたるまで、当該州に於て、適法な有権者の過半数の参加による選挙が施行され、その結果、合衆国議会に於て、当該州の主権が、事実上代表されていた場合には、この事実を以て、当該州およびその人民は合衆国に対し反乱状態にはないものとの決定的証拠と認定することができること。
以上により、私、エブラハム・リンカーンは、合衆国大統領として、合衆国の権威および政府に対する現実的武装反乱が存在する場合に於て、陸海全軍最高司令官の資格に於いて付与された権限に基づき、かつ、前述の反乱鎮圧のために採るべき必要にして適当なる軍事的措置として、ここに一八六三年一月一日の本日を期し、いまだその人民が合衆国に対し反乱状態にある州および地区を、以下の通り、命令し、指定する。

（中略）

さらに、私は、前述の権限に基づき、また前述の目的のため、ここに指定させる州およびその一部に於て、奴隷として保有せられているすべてのひとは、自今、永久に自由とせられたことを命令し、宣言する。さらに合衆国行政政府はその陸海軍を含め、これらのひとの自由を承認し、維持すべきことを命令し、宣言する。

さらに、私は前述のごとく自由とせられたひとが、必要な自衛による外、一切の暴力を抑制すべきことを命令する。さらに私は、これらのひとがすべての場合、許される範囲内で、妥当な賃金のために労働することを助言する。

さらに私は、これらのひとが、適当な条件を備えている場合、これを合衆国軍務に迎え入れ、要塞、拠点、駐屯地その他に勤務せしめること、および、当該軍務に従事するすべての艦船に乗組ましめることをここに宣言し、そのため必要な措置を行う。

しかして、本法令は米国憲法の保証する、正義の法令たること、ならびに、軍事的必要に基づくものなることを、誠実に信ずるにより、私はここに全人類の慎重なる審判を仰がんとす。全能の神よ、願わくば、慈悲ある恵みを垂れさせ給え。

エブラハム・リンカーン

『エブラハム・リンカーン（Ⅱ）』（カール・サンドバーグ著、坂下昇訳、新潮社版）

5章

明仁天皇は戦後民主主義の体現者

――女王戴冠式と美智子妃との御成婚

昭和天皇はなぜ開戦を許したのか

ヴァイニング夫人が帰国したのは昭和二十五年（一九五〇）十二月初旬のこと。昭和二十一年春に来日して以来、皇太子が中学二年から高校二年まで進級する四年間にわたって学習院と天皇家の英語教師を務めた。

天皇の人生にとって、この皇太子時代の四年間は青春のまっただ中である。そして日本社会を見れば、この間はGHQの占領下における民主化政策と、そして東西冷戦が激化するなか反共の拠点と化す二つの色合いを持った政治状況だといえる。皇太子は戦後初期の民主主義的な教育を、かなり吸収した時代の生徒だったといえる。

この章ではヴァイニング夫人が帰国した後、その教育が皇太子にどのように影響していたかについて論じることになる。それには次の二つの尺度を当てはめるのが相当だ。

一つは皇太子自身が、高校から大学へと進学するなか、友人との交際や宮中での振る舞いのなかで、夫人の教えがどのように反映していたのか。二つ目は、「立太子礼」の翌年の昭和二十八年（一九五三）六月に行われたエリザベス女王戴冠式での言動だ。天皇の名代として訪れた英国で国際社会にデビューした日本のプリンスが、チャーチルら並みいる歴史上の人物を前にどのようなスピーチをしたのだろうか。

この二つを見ることで、ヴァイニング夫人が帰国した後、今上天皇がその教えをどのように胸中におさめ、どう昇華させているかを読みとることができる。昭和三十四年（五九）四月の美智子妃とのご成婚は、将来の天皇として成長する過程で得られた一つの果実である。日本で初めて天皇家のなかに民間からお妃が入り、夫婦で子供を育てるという皇室の新しい波を持ち込むことになるのだが、そこに至るまでの間に、皇太子としてどのような道筋をたどったのか見てゆくのが本章の流れだ。

ヴァイニング夫人帰国後の昭和二十六年（一九五一）年から昭和三十年までの四年間、日本では社会党による社会主義勢力が勢いを増している。天皇に対してはかなり風当たりが強かった時代だと言える。

この間、天皇制は学問的にも社会的にも、冷静に論じられてはおらず、どちらかといえば天皇制の廃止、ないしは「天皇制が諸悪の根源」といった性急な論が闘わされた時代だった。前述のように学習院内部も同様で、皇太子の高校から大学時代にかけては左翼的な雰囲気、つまり皇太子に対する冷ややかな空気も一部にはあった。

それらは戦争で果たしてきた天皇制の役割を否定する冷たい見方が社会のなかに定着していたことを示している。しかしそこには実態を検証する視点はなく、社会全体の歪みともいえた。

皇太子はこのような難詰《なんきつ》をどう受けとり、そして答えたのだろうか。

すでに触れてもいるが、私が皇太子のことを調べていて分かるのは、このときにやはり、「あの戦争はなぜ起こったのだろう」、「先帝はあの戦争をなぜ許可したのだろう」という疑問を常に思っていたという事実だ。こうした思いを侍従や親しい学友にふと漏らすことがあってこう話されたという。

「もし自分が天皇のときに戦争をやるようなことを言ってきても、自分は反対する」

議会制民主主義の今は天皇の署名押捺が必要ではないが、「自分は署名しない」とまで言ったといわれている。

ヴァイニング夫人は、「自分はなんのために存在するのか」ということについて、一個人としての、シビリアンとしての能力を身につけ、「社会のなかでどうあるべきか」

を模索せよと教えているが、皇室という長い伝統のなかで、天皇が果たすべき役割をどうやって自分はつかんでいくのかということについて結論は容易には見いだせていない。ヴァイニング夫人が帰国した後もそれに変わりはなかっただろう。

皇太子がこの疑問を解くために相談したのは、小泉信三である。

小泉が御進講のため皇太子と初めて会ったのは昭和二十二年（一九四七）のことだ。この後もときに進講にあたることがあり、その存在が少しずつ宮中でも容認されていく。皇太子の中等科時代にはまだそれほどその教育に関わっていないのだが、昭和二十三年（四八）に宮内府（後の宮内庁）長官に就任した田島道治から皇太子教育の責任者になってほしいと執拗に依頼され、翌年二月から「東宮御教育常時参与」という肩書きで皇太子の帝王教育を引き受けることになった。

田島が小泉にこだわったのは、福澤諭吉の『帝室論』と『尊王論』を自らの範としている小泉こそ皇太子教育にふさわしいと考えたからだ。以後、小泉は毎週火曜と金曜の二回、それぞれ二時間ずつ皇太子への進講を続けている。これは学習院の授業とはまったく別物で、いわば小泉と皇太子の一対一の個人授業である。そこでは小泉の人生観や思想、それに歴史観などがそのまま皇太子に語られた。そうしたなかで育まれたのが「師弟愛」というべき両者の信頼関係であった。

御進講に際して小泉は毎回講義の下書きを作成している。昭和二十五年（五〇）四月二十四日付のその下書き原稿を読めば、太平洋戦争で学徒出陣した一人息子を戦場で喪い、自らも空襲で大怪我をした戦争体験を通して、戦後の皇室にいかにして新たな息吹をふきこむか、小泉は真剣に考えていたことが分かる。

冒頭で、「私のこの講義の目的は単に経済学の知識をお話申し上げる丈けではなく、皇太子としてお弁《わき》まへになつて然るべき社会的事物一般に関する知識或は御心得に及ぶつもりでもありますから、時として経済学以外の問題にも亘《わた》つて申上げることが度々あります」と書いているが、皇太子が敗戦という異常な状態から平時に戻ったときに、どのような心理状態にあるべきかを示唆した、いわば小泉の天皇観とでもいえるような内容で、これが皇太子のその後の人生を決定していくという意味でも極めて重要である。

ここで小泉は、歴史的な直言をいくつか行っているが、昭和天皇に対する重い指摘がある。

責任論からいへば、陛下は大元帥であられますから、開戦に対して陛下に御責任がないとは申されぬ。それは陛下御自身が何人よりも強くお感じになつてゐると思ひます。それにも拘わらず、民心が皇室をはなれず、況《いわん》や之に背くといふ如きのこと思ひも及ばざるは何故であるか。一には長い歴史でありますがその大半は陛下の御君徳によるものであります。

これは、皇太子にとって日々耳にしているお追従《ついしょう》とは大きく隔る厳しさだが、国民は先帝の戦争責任を問う声がありながらも、誰もがみな天皇制を認め、そこに文化的な誇りや伝統的な価値観を置いている。これはなぜかといえば、天皇制が日本の歴史のなかで重要な役割を果たしてきたからだ、と教えているのだ。

ではその重要性とは何かといえば、天皇制はこれまでどんなことがあっても権力と一線を引き、決して一体化しなかったことだ。もちろん権力そのものになったり、あるいはごく限られた時期に権力闘争のまっただ中で政治と闘争することもあったが、一貫して天皇は現実政治とは関わらなかった。

現実政治は権力を用いて国民支配を行うが、天皇に課せられたのは権威（Dignity＝ディグニティ）という役割で、これは日本の文化的な連続性を保証してきた。この連続性というものを考えるとき、天皇制は重要なファクターなのだということを、皇太子は小泉から学んだ。

そして小泉は戦争で多くの犠牲者が出たにもかかわらず、国民はだれ一人天皇に退位を迫らなかったのは、天皇という歴史制度に信頼感を持っているからだと主張している。こうしたことを克明に解き明かしてゆく小泉の言葉にこそ、皇太子は納得がいったと言えるだろう。

さらに、「なぜ天皇は戦争を止められなかったのか」という疑問については、小泉や他の側近たちは、「多くの文献を読み、分からないことがあれば先帝に直接尋ねなさい」と助言している。皇太子はこれに従い、天皇と忌憚のない問答を行っている。

太平洋戦争は結果的に天皇が軍部に同調することで始まった。天皇がどれほど平和主義者であろうとも、その責任は重い。皇太子は父親の戦争責任を考えるなかで、たぶん次のように考えたと思う。

先帝は戦争を望むか望まないかで判断しているのではない。平和主義者でも好戦主義者でもなく、先帝の気持ちは第百二十四代天皇の役割として、誠実に皇祖皇宗《こうそこうそう》を紡いでゆくことを自らに課したのだと気づいたのだ。

皇太子が悟ったことは、戦争とは、負ければ天皇制の廃止にいたる危険性をはらんでいるし、勝ったところで国民が多く傷つき、君主に対して何らかの恨みをのこす。戦争という選択はどう考えても馬鹿馬鹿しいということなのだ。

この考え方は二〇世紀の君主が持つ思考としては極めてバランスがとれている。それは戦争によってこの国を一等国にしようというのではなく、戦争をせず、私たちの国の与えられた枠のなかでこの国の形を求めてゆく。あえて大きな枠を望むことなく相応な日本を作っていこうということなのだろう。

小さい国である代わり、慎ましくも、国民が安心して暮らしてゆける国。他国から領土を取り上げたり、軍を進駐させてその国の政治を操作するようなことなどしない、あくまでも小さな国の形である。これは石橋湛山《たんざん》のいう「小日本主義」にも通じる考え方で、皇太子時代の天皇の発言を分析してゆけば、それがより鮮明になるのではないかと私は思っている。

「銀ブラ事件」

天皇は宮中の枠組みのなかで育ったため、一人気ままな生活を送るというわけにはいかない。皇太子時代は学習院で授業を受け、東宮でも週に三回はご学友が来て勉強するという日常生活だ。自分の歩く後ろには常に警護の者や侍従が付いてきてまったく自由にならない。まさに籠の鳥である。

皇太子が「もっと外のことを知りたい」と欲求するのも当然で、学友たちもこのままでは皇太子が正確にものを見る眼を養うことができないと考えた。そこで昭和二十年代の終わりごろ、高等科三年の試験が終わった日、密かに皇太子を銀座に連れ出し喫茶店でコーヒーを飲むなどして騒ぎとなった。これがいわゆる「銀ブラ事件」である。

たしかに宮中の枠組みのなかだけで一般社会との接点を持たないゆえの脆さを皇太子自身が自覚していて、それへの抵抗の姿勢がこうした事件につながったのだ。

やはりこれは単なる好奇心ではなく、ヴァイニング夫人の教えのなかにある、階級とか貧富の差に関係なく、「人間は生まれてきた以上、みんな同じような権利を持ち、同じような時代責任を持って生きているのだ」ということの確認だったと言っていいだろう。

このころ、昭和天皇を取り巻く人たちのなかには、ヴァイニング夫人の思想に共鳴するような動きはたしかにあって、一つには小泉信三も夫人とは頻繁に打合せをし、その教育成果を確かめていた。もう一つは昭和天皇の弟宮である秩父宮、高松宮、三笠宮の三人が、旧体制下における天皇像に批判を加えている。

たとえば第四皇子の三笠宮は戦後に東大の大学院で古代オリエント史を専攻した。学者としての三笠宮は、「歴史は科学性を持った学問だ。神話など信頼できない」と言い、天皇制という制度の批判を展開する。昭和三十三年（一九五八）に自民党から「紀元節復活」の議案が提出された際には、「神武天皇の即位は史実ではない。神話に基づく紀元節など根拠はなく天皇家を馬鹿にしている」として、共産党系の歴史学者と肩を並べて反対したことから、一時期「赤い宮様」などと呼ばれた。同じ弟宮でも第二皇子の秩父宮は、昭和二十年代には違う形で皇太子に協力する。

秩父宮は陸軍の軍人だったが、昭和十五年（一九四〇）に結核で倒れ、終戦時には御殿場で静養していた。占領期に病状がいくぶん回復すると、天皇はもちろん皇太子にも会って次のように励ましている。

「イギリス型の王室になるために、君はいろんな人と意見交換し、人間天皇になってほしい」

秩父宮は大正期の終わりごろに英国のオックスフォード大学に留学している。戦中から軍人として軍国主義体制のゆきすぎに反対していたのだが、病を得た身とあって発言は憚られた。しかし終戦後は重しが取れたように堂々と、「天皇は人間であって国の象徴でいいのだ」と言い、「戦前のように神だとして自由に口もきけないような状態にするのは非人間的である」と述べて旧来の天皇制を批判している。皇太子の教育ではこの弁がヴァイニングの教育とも相俟ってそのまま活かされている。

秩父宮は英国留学時代にラグビーが好きになり、昭和二十七年（一九五二）にオックスフォード大学ラグビー部が来日したときに、皇太子を秩父宮ラグビー場に連れてゆき、選手全員と握手させている。イギリス人学生と直接触れあい言葉を交わしたのだ。

皇太子自身も、イギリス人の同じ年代の者と話すことによって、初めて戦争から切り離された世代の目で彼らを見た。また、「皇太子に生きた民主主義を語りたい」と常々言っていた秩父宮はそれを実践しようと、英国王室を特集した新聞や雑誌を取り寄せて、「立憲君主制」の仕組みなどを皇太子に語って聞かせている。

昭和天皇に請われて皇太子の家庭教師となり、その思想的根幹を教えたヴァイニング夫人とは別に、皇太子の叔父宮たちもそれをサポートしていたのだ。皇太子の学友のなかには、たとえば労働組合とは何か、ストライキとはどのようなことなのか、などの質問に答える者もいたと漏らす者もいたという。「皇太子が自分たちよりずっと民主主義的な発想をするのでびっくりした」という。やはりヴァイニング夫人の持ち込んだ副読本などによって、学習院の同級生の知識より数倍現実を知っていたということになる。

皇太子は社会階層も異なる級友と会話するなかで社会常識を吸収し、神武天皇から昭和天皇まで百二十四代にわたる皇祖皇宗を顧みると同時に、「自分たちが生きるこの時代に、私は何をすべきか」ということを、自らにずっと問い続けてきたのだと思う。

エリザベス女王の戴冠式

ヴァイニング夫人が帰国した後の皇太子の成長ぶりを測る二つ目の尺度は、昭和二十八年（一九五三）六月二日に行われたエリザベス女王の戴冠式であろう。

エリザベス女王は当時二十七歳。父君であるジョージ六世の急逝にともない王位を継承することになった。戴冠式は国内外の多くの要人を招待して執り行う英国王室最大級の儀式であり、ウエストミンスター寺院での模様は、世界の注目を浴びた。

日本の皇室にも招待状は届いていたが、第二次世界大戦の記憶はまだ色濃く、ことに大日本帝国軍の大元帥でもあった昭和天皇の列席には英国内で激烈な反対があった。宮内庁にしてみれば、英国王室との古来からの親交があったとしても、天皇が行く先々で罵倒されたり敵意に充ちた視線に苛まれるのは容易に想像がついた。

英国政府は昭和天皇に招待状を出しておきながら、内々に「出席辞退」を要請してきた。これが当時の昭和天皇をめぐる諸外国の一般的な反応なのだ。

昭和天皇はやはり戦争の責任者と見なされている。日本軍は我々（イギリス人）の捕虜を虐待した。しかもヨーロッパを暴虐の嵐で席巻したヒトラー率いるドイツと枢軸関係を結んだ国の元首なのだから、その〝張本人〟と素直に向き合うことなどできない。対日感情は最悪だった。

そこで白羽の矢が立ったのが、皇太子明仁親王である。英国が暗に代理出席を求めてきたこともあるが、このエリザベス女王の戴冠式は、前年十一月に皇室の成年式ともいえる立太子礼を迎え、数えで二十歳となる当時十九歳の日本のプリンスが、国際社会へデビューするための格好の舞台と位置づけられた。

こうして皇太子は戴冠式に先立つこと三ヶ月前の昭和二十八年三月三十日に、横浜港から客船「プレジデント・ウィルソン号」で旅立った。ハワイを経由してサンフランシスコに上陸し、列車でカナダのバンクーバーやオタワをめぐった後、米国東海岸のニューヨーク港へ移動し、そこから「クイーン・エリザベス号」で大西洋を渡り四月二十七日に英国サザンプトンに入港するというコースだ。

英国へ向かう船上で、皇太子はナイフとフォークの使い方や食事の際のマナーなどを学んでいる。やはり当時十九歳の皇太子である。順応性の早さは若者らしく、外国人船客を相手に卓球に興じたり、中国人客と麻雀をするなど、その様子があまりに自然な対応だったことから、随員たちを一安心させている。

サザンプトン港に到着する前日の四月二十六日に行われたピンポン大会で皇太子は優勝し、船客の話題をさらうなど、皇太子の英国社交界デビューへの期待は高まっていた。

当時の東宮侍従が書いた記録が残されている。それによると、皇太子の記憶力はすこぶる抜きんでていて、さらに英語のスピーチでは節度と礼儀をわきまえながら、時に感情を込めて語る様子に侍従たちを感心させている。そうした様子を船上から東京に電報に書き送ると、昭和天皇は皇太子の成長ぶりにしみじみと喜んだという。

皇太子はまた、外務省の式典課の官僚や、侍従、あるいは小泉信三などによって作成された、女王陛下の前で述べる祝辞のスピーチ原稿を丸暗記しようとしているが、一説によると、その内容に皇太子自身がかなり手を加えたと言われている。

だが案の定、英国内の反応は冷ややかだった。しかも主要新聞は反日キャンペーンの準備を進めるなど、ロンドンに到着した皇太子を歓迎する気運はまったく感じられなかったという。

こうした状況を一変させたのは、四月三十日に催された午餐会におけるチャーチル首相の計らいであり、またその場で見せた皇太子の魅力でもあった。

この日、首相官邸に招かれたのは英国政界のお歴々や日本文化に通じる知識人だけではなく、大手新聞社の社主も招待されていた。チャーチル首相は右横に座った皇太子を見ながら、「天皇陛下のために乾杯」と言って杯を掲げ、皇太子は、「女王のために乾杯」と応じた。こうして年餐会は和やかに始まったのだが、ほどなくチャーチルが立ち上がり、「殿下のためにスピーチ及び乾杯をしたい」と述べた。

予定にない首相の行動に、一同は固唾《かたず》をのんでチャーチルを見つめた。

「Your Imperial Highness（殿下）」

と皇太子を笑顔で見つめ、「殿下は御答の必要なし」と言い数分間にわたって語り続けた内容は、日英両政府の関係者によって書き留められている。

このなかでチャーチルは、英国の「立憲主義」について触れている。

英国式生活が引き続き安定しているのは、国家体制、特に立憲君主政《引用ママ》に負うところが大きいのであります。君主は『君臨すれども統治せず』(である限り)、君主が(政治的な)誤りを犯すことはなく、もし政治家が間違いを犯せば、国民と国民の選んだ議会によって代わりの人間に取り替えられるのであります。

(『明仁皇太子エリザベス女王戴冠式列席記』波多野勝著)

これは次の天皇となる皇太子への明快な助言だった。そしてチャーチルははるばる日本から船でやってきた皇太子をこう言って労った。

「殿下がイギリスを楽しみ、英国式生活を垣間見ることで益を得られることを願っております。……皇太子はまだお若くて幸運であります。過去を振り返らざるを得ない者は、成功だけでなく失敗や不運の記憶もあるもの。皇太子のような若者は未来の興味や功績を夢見ることができるのであります」(同前)

実はこの年、チャーチルは自身が著した『第二次世界大戦回顧録』で、ノーベル文学賞を受賞している。ちなみに翌五四年の受賞者はアーネスト・ヘミングウェイ。優れた文筆家であり、また稀代の演説家によるこのスピーチに、出席者全員が感嘆した。

若干耳の遠くなった七十八歳の老獪《ろうかい》な英国政治家の耳に、顔を近寄せて話す日本の十九歳のプリンスの姿は、まるで仲むつまじい祖父と孫のようだった。
この様子を伝え聞いた日本の吉田茂首相は、後に次のように記している。
「当時の英国の情勢としては、大戦中の捕虜虐待に基く反日的空気がなお残っていたころであって、ニューカッスルかどこかでは反日的示威運動があったり、ロンドンの新聞さえもとかくの記事が出たりしたのであろうが、チャーチル首相は新聞の代表を呼んで『外国の使節に対しては気持ちよく迎えるのがイギリス伝統の礼儀ではないか』と注意したところ、その一声で納まったということであった。事実、チャーチル首相は、皇太子殿下を首相官邸にお迎えしたとき、恰《あたか》も我が子をいたわるが如き態度を以て、厚くもてなされた。これは当時のニュース写真によっても周知されたところである」（『回想十年』吉田茂著）
皇太子が初めてエリザベス女王と会見したのは、戴冠式に先立つ五月五日のことだった。盛大に執り行われる戴冠式よりも、天皇の名代として女王に直接父親からの言葉である「御沙汰」を伝えるこちらのほうが、実は外交的に重要だともいえる。

モーニングにシルクハット姿の皇太子は、この日の朝、駐英大使らを従えてバッキンガム宮殿に向かった。午前十一時五十分に謁見室に入ると、エリザベス女王と夫君のエディンバラ公が出迎えた。ここで皇太子は、天皇の「御沙汰」を読み上げた。以下、外務省による公式の翻訳文である。

私の両親、天皇と皇后の名代として、私は慎んで陛下の来るべき戴冠式を心からお慶び申し上げる次第です。父は陛下、エジンバラ公殿下、そして王室の皆様に心からのご挨拶を申し上げ、また陛下の御治世の幸福と繁栄を何よりも祈念し、揺るぎない英国と日本の関係を切に望んでおりますことをお伝え申し上げるよう、私に命じられました。父は、かつて英国を訪問した際の楽しい思い出を今も大切にしていること、そしてその折りに、陛下の祖父君であらせられるジョージ五世陛下、政府、英国国民がお示しくださった暖かい歓迎とおもてなしを、常に感謝申し上げていることを、私からお伝えしてほしいと申しました。

■明仁皇太子がエリザベス女王の前で読み上げた「御沙汰」全文

Your Majesty
On behalf of my parents, the Emperor and Empress of Japan. I have the honour to tender their most sincere felicitations on Your Majesty's forthcoming Coronation.
I am commanded by my father to convey his cordial greetings to Your Majesty, and to H.R.H. the Duke of Edinburgh and the members of the Royal Family. together with his best wishes for the happiness and prosperity of Your Majesty's reign. and his earnest hope to see a steady British Commonwealth and Japan.
My father wishes me also to say that he cherishes the pleasant memories of his visit to England years ago, and that he is ever grateful for the warm reception and hospitality then accorded his by Your Majesty's grandfarther, king George V and by the government and people of Great Britain.

皇太子が天皇からのメッセージを読み終えると、エリザベス女王と夫君のエディンバラ公からは乗馬やテニスの話題が振られた。皇太子も女王の生い立ちが書かれている、『王女物語』を読んだと言うと、「あれには作り話が多い」と夫妻が笑顔で返すなど、約十五分間のやりとりのなかで、皇太子は充分に存在感を示したようだった。

戴冠式での席次は十三番目と低かった。これも当時の対日感情の表れだろうが、皇太子は気にする風もなく清々と振る舞った。戦争が終わったときはまだ十二歳。軍服すら着たことのない皇太子に、誰も戦争の責任など問えない。むしろ多くの国の人たちと親しく言葉を交わした新時代の日本のプリンスは、好感をもって国際舞台に受け入れられた。

日本軍による〝残虐な〟戦争のイメージを払拭する皇太子のすがすがしい姿は、英国内はもちろん、日本でも大きく報じられた。マッカーサー元帥から海外で見聞を広めるように勧められてから四年、皇太子にとって初めての外遊は、こうして成功裏に終わった。

ここまで、ヴァイニング夫人が帰国した後の皇太子を成長を測る尺度として、二つの事例を挙げてきた。これらの出来事が指し示すことは、昭和天皇では当時まだ、「世界は信用してくれない」という厳然たる事実だ。しかし皇太子なら別だった。しかも若い皇太子は新しい時代の日本の天皇の役割を演じきるだけの、見事な実力を持っていた。

この皇太子の存在によって戦後の皇室は新しい局面を迎える。それは皇太子自身の努力はもちろんのこと、小泉信三の知恵や、あるいは学習院の関係者や宮内庁の官僚たちの静かなサポートによるものだろう。

だが改めて感じるのは、やはりヴァイニング夫人の存在である。夫人を通して「疑似海外体験」を済ませていたからこそ、皇太子はエリザベス女王や首相のチャーチルを相手に物怖じせず振る舞うことができたはずであった。

学習院の学生として皇太子はヴァイニング夫人からの教育をどのように活かしたのか。そして立太子礼の翌年のエリザベス女王の戴冠式でどのような役割を果たしたのを見てゆくと、終戦直後の昭和二十年代の皇太子に課せられた役割は、むしろ日本の国民に向けて「天皇家の安泰」を知らせて安心させる絶大な効果があったといえる。

もし皇太子がいなかったら天皇家の安泰どころか、果たして皇室が存続し得たかも甚だ疑問なのである。

皇統を守る宿命を与えられた皇太子は、ヴァイニング夫人からの助言に耳を傾けながら、その自覚をより強固なものにしていったのだろう。

ヴァイニング夫人の最終授業

時はさかのぼる。

ヴァイニング夫人による学習院最後の英語の授業は、昭和二十五年（一九五〇）十月初旬に行われた。帰国を翌月に控えたこの日、夫人の授業に皇太子は出席できなかった。風邪をひいていたのだ。東宮の侍従の一人がわざわざ学校に来て、皇太子の伝言を夫人に伝えた。

「先生の最後の授業に出られなくて残念です」

ヴァイニング夫人は帰国するまでに一人ひとりの生徒と面談する予定だったが、さすがに最後の授業に臨むときは気持ちが沈んだと書いている。授業では生徒たちにこれまでの授業で憶えさせた文章を暗唱させた。リンカーンやワシントンなどの伝記から引用していたものらしく、こう言っている。

「私は皆さんに一生覚えていただくようにと思って、こうした偉大な人々の偉大な言葉を暗記してもらいました。私も学校にいたころはたくさんの詩を暗記しましたが、今でもたいてい覚えています。その後に習ったものはずいぶん忘れてしまいましたが、あなた方の年頃に覚えたものは心を離れません。ドイツ語で覚えたある二つの詩のある個所は、いまでは私の知っているドイツ語の全部ですが、私はよくそれを想い出します。これらはみんな偉大な人々の偉大な思想ですが、私自身からもあなた方に何か上げたいと思います」

そう言ってヴァイニング夫人は何かを朗読すると、生徒たちは静かに耳を澄ませていた。アメリカの生徒と異なる様子に、夫人は「何か電気のようなものが感じられた」と、感じ入っているようだった。

そして最後をこう結んだ。

私はあなた方に、いつも自分自身でものを考えるように努めてほしいと思うのです。誰が言ったにしろ、聞いたことを全部信じこまないように。新聞で読んだことをみな信じないように。調べないで人の意見に賛成しないように。自分自身で真実を見出すように務めてください。ある問題の半面を伝える非常に強い意見を聞いたら、もう一方の意見を聞いて、自分自身はどう思うかを決めるようにして下さい。いまの時代にはあらゆる種類の宣伝がたくさん行われています。そのあるものは真実ですが、あるものは真実ではありません。自分自身で真実を見出すことは、世界中の若い人たちが学ばなくてはならない、非常に大切なことです。

（『皇太子の窓』から引用）

言い終えたヴァイニング夫人は黒板に、「自分で考えよ！（Think for yourself）」と書いた。要するに、ヴァイニング夫人による教育の骨格は、「あらゆることに疑問を持ちなさい、すべてのことが正しいわけではない」ということだ。この骨格の言わんとすることは何かというと、つまり「シビリアンたれ、市民であれ」ということである。

それは皇太子であろうと、学習院の他の生徒であろうと、権力や権威に身を寄せてものごとを考えるのではなく、「自立して自分で考えよ」ということを訴えているのだ。

もちろんこのことは一般の生徒にとっての意味と、皇太子の立場ではまるで異なる。皇太子は他の生徒と違って、はじめから「皇統の継承」という一つの運命を与えられているわけだから、「自立せよ」、あるいは「自分で考えよ」と教えられても、それは望んでもかなわないことだ。

皇室には宮中のしきたりや天皇としての務めがある。そのような制約の中で生涯すごすことが、皇太子は生まれながら決しているのだから、「自立する市民」でありようがない。

ヴァイニング夫人はそれらを承知で言っているはずだが、彼女が皇太子に求めた意味はさらに奥深いのではないだろうか。

日本の天皇制というものは、臣下の者にすべて判断を委ねて、そして「権力」より「権威」というものに依拠しながら政治と向き合ってきた。このこと自体にヴァイニング夫人は不満というより「不信感」のようなものを持っていたと思う。天皇には自身の考えが必ずあるはずで、それを自分できちんと主張し、それが臣下の者が勧めるものとぶつかるようであれば、そこを克服してゆくのが本当の天皇制ではないか、ということを夫人は指摘しているのだと思う。

私はヴァイニング夫人の言葉を、当時十代後半の天皇がすべて自分の信念に置き換えたとは思わないが、自分でものを考える、あるいは天皇として処していくときの参考にしたのは間違いないと思う。そうしたことが、天皇のその後の人生を規定しているように感じられるのだ。

ヴァイニング夫人は自らの人生観、宗教観、歴史観、そういったものすべてを皇太子に伝えてはいるが、皇太子はそれらから一旦距離をおき、自分なりに咀嚼し受け入れているのだ。これはヴァイニング夫人に限ったことではない。他の教師の知識も百パーセント受け入れるわけではなく、客観的に見つめ直したうえで、将来の天皇像に置き換えていったのではないだろうか。

その一方で、皇太子の周辺はヴァイニング夫人を取り囲むグループができあがっていて、これがいくつかの峰々が連なる「山脈」のようなものとなっている。しかもそれは大きな影響力を持っていた。一つには小泉信三がいる。もう一つには秘書の高橋たねがいる。彼らは流暢な英語を操り、高橋はヴァイニング夫人の通訳でもある。

皇太子を支えるヴァイニング人脈

ヴァイニング夫人の周辺にグループがあることを私が知ったのは、夫人が帰国した直後の昭和二十五年（五〇）十二月に岩波書店から、『ウィリアム・ペン　民主主義の先駆者』（岩波新書）が刊行されていたことからだ。この本はほかでもないヴァイニング夫人が英語で執筆し、秘書の高橋たねが日本人クエーカー教徒らと手分けして翻訳した書であった。

ウィリアム・ペンはイギリス上流階級の人物で、アメリカに移民した後にペンシルベニア（「ペンの森の国」の意）州を建設したことで知られている。先住民族とは協調姿勢を貫き、その民主主義の理念は、アメリカ合衆国憲法にも採りいれられている。

ヴァイニング夫人がそうであるように、州都フィラデルフィア出身者にとっては英雄視されている人物だ。また、クエーカー教がこの地で広まったのも、信徒だったペンらの布教活動によるものなのだ。

この本のあとがきで、高橋たねは次のようなことを書いている。

「この訳書は高橋たねの名義になっているが、これは何人かの人々の協力の賜である。欧米のクェーカーにはおよばないが、日本にもクェーカーの小さい光をかざす一団があって、本書の訳業にたずさわったのはその中でも比較的若い、石田俊子、鞍馬菊枝、浦口眞左、小泉一郎、山野隆明、高橋たねである。

ある者は水戸に住み、又ある者は小諸に住む関係上、翻訳が出来上がると出来た章の原稿が、小諸から東京へ、東京から水戸へと汽車の旅をして廻ったこともあった。皆忙しい仕事を持った人たちだったが、冬の夜、グループがエリザベス・ヴァイニング夫人の家に集って、原文に照らし合せて、日本訳を声を出して読み合ったこともあった。著者と同じ屋根の下に起居する私は、彼女のそれは忙しい毎日の仕事の合間に、或る時は食卓で、ある時は勤めに行く途中の自動車の中での時間を利用して、邦訳するのに不審な点について原著者の説明を乞うたこともあった」

ヴァイニング夫人は童話作家としての顔もある。太平洋戦争中の昭和十八年(一九四三)

に書いた『旅の子アダム』という作品でニューベリー賞というアメリカ児童文学の最高賞を受賞している。「作家」とはいえ決して多作とはいえないが、その彼女がクエーカー教徒のウィリアム・ペンの伝記を書き、それを高橋たねたちが翻訳するという、一つのグループがここに存在していたことがわかるのだ。ちなみに、このグループの小泉一郎は、同じくヴァイニング夫人が後に書くことになる、『皇太子の窓』の翻訳も手がけている。

この本のもう一つの特徴は、小泉信三が序文を寄せていることである。そもそも岩波書店にこの本の企画を持ち込んだのは小泉である。そこまでする小泉は、ヴァイニング夫人にかなりの信頼を寄せている。序の中の次の一文によって明らかだ。

「夫人を、何時までも日本に引き留めることの不可能であることは充分に知りつゝ、猶《な》ほ吾々は限りなく夫人との別れを惜む。併し乍《なが》ら同時に、日本の人と社会と自然との有らゆる事物に対し、最高の理解と趣味とを有する一人の偉大なる友がその故郷のアメリカに帰ることとは、日本のために何を意味するかを、私はよく知つてゐる。別に臨んで、その友の著書の訳本に序文を寄せ得ることは、此上《このうえ》もない私の特権であり、喜びである」

とくに選ばれて皇太子の教師として日本にやってきたヴァイニング夫人は、皇太子の教育掛である小泉信三とディスカッションを重ねながら、明仁親王の人格形成の骨格づくりを担ってきた。小泉は彼女の仕事ぶりを次のように高く評価している。

夫人の美しい心と気品と学識とを以てする毎週の御教授の間に、何時か歳月は過ぎて、我等の殿下は、十二歳余りの少年から心身ともに御健かなる十七歳の青年に御成長遊ばされた。この間に於ける夫人の心遣ひが凡《およ》そ如何なるものであつたかは、察するにも余りあることである。

つまりどういうことかというと、小泉信三はクエーカー教徒であるヴァイニング夫人との信頼関係を深めていくことにより、高橋たねらを含むヴァイニング人脈を吸収することになった。これは夫人を頂点とする、「ヴァイニング哲学」とでも称すべき考え方と、小泉信三の自由主義哲学とが渾然となって皇太子に注入された、ということになるのではないか。

戦後の皇室を語るうえで、このことは今まで盲点になっている部分である。

これまで「ヴァイニング夫人と皇太子」あるいは、「ヴァイニング夫人と学習院」という「個対個」の図式で考えてきたのだが、実はそうではなくて、「ヴァイニング夫人とその仲間たち」「その考えに賛同する人脈と皇太子」、またはそこに「学習院の若い少年たち」が当てはまるような図式ができることに気づく。

もっと言えば、昭和二十一年から二十五年（一九四六〜五〇）までの四年間、皇室の中にはそれまでの軍事、政治などとまったく違った新しい教育、あるいは新しい人脈がここにできあがっていたわけで、昭和天皇を始めこれまでの天皇とはまったく異なった人脈である。

戦争が終わって、アメリカの占領下になったからこそ生まれた人脈であり、その教育環境の中で皇太子は人間観を養ったことになる。

今上天皇は言葉として述べてはいないけれども、ヴァイニング夫人や高橋たね、そして小泉信三らによって醸しだされた清新な空気を存分に吸収し、そして自らの天皇像を形作っていったのではないだろうか。

振り返れば、幼いころは軍事主導の戦争の時代であって、戦争のことばかり教えられてきた。戦争に敗れるとそれが一転し、ヴァイニング夫人によって天と地ほど異なる考え方へと激変した。

この社会的な地殻変動に際して皇太子はどのような選択をし、いかなる考え方を持ったのかということは、平成の天皇を考えるときの出発点となると思う。

ともすれば今上天皇はクエーカー教徒による反戦、非戦一辺倒の教育を受けた、アメリカナイズされた天皇だ、などという声が以前からあるが、それは史実の一片しか見ていない。

天皇自身がクエーカー教徒のヴァイニング夫人や高橋たねらの理想、あるいは小泉信三の考え方をありのまま受け入れたうえで、しかし同時に自分が天皇としてこの国の象徴になってゆくとき、必ずしも自分は彼らの思い描くような全てを受けいれたタイプではないということを知っていたのだと思う。

そこにこそ皇太子から天皇へと成長するプロセスがあると思える。

さらに具体的に言うと、今上天皇は、ヴァイニング夫人が帰国したあとは、学習院大学へと進む。そして立太子礼を迎えた昭和二十七年（五二）を境に、皇太子としての公務が生活に加わるようになる。

ここから天皇という仕事の実態はどういうものなのかを、昭和天皇の姿を見ながら学び、同時に「自分ならこうしてゆく」という独自の天皇像を少しずつ模索していったと思うのだ。自立し、主張することは、すでにヴァイニング夫人によって学んでいる。

美智子妃との宮中革命

今までとまったく異なる天皇になるということは、いったいどういうことなのか。「まえがき」のなかでも書いたが、昭和天皇と今上天皇との大きな違いは、一般的に「国体」と称する天皇制が、民主主義体制としての「政体」の下に位置するのだと、初めて規定したところにある。

明治政府誕生以降、大正時代を経て太平洋戦争に敗れるまで、政体は国体の下にあった。ところが戦争に敗れ、新憲法によって天皇は主権者ではなくなり「象徴」に位置づけられたのだが、昭和天皇は戦後も変わらず国体の下に民主主義体制があると考えていた節がある。

皇太子はそうではなく、政治体制があって私がいる。つまり政体の下に国体を置くという考え方へと、徐々に落ちついてゆくのだが、政治体制の下に天皇が存在することは、逆に言えば危ない考え方でもある。

つまり、天皇制の上に位置するのが民主主義体制で、しかも戦争を選択しない政体であれば天皇としての役割を果たすけれども、そうでなければ自分は嫌だと暗に言っているようにも思える。事実、右翼の側にはそういう批判をする人もいる。

だが今上天皇の意図はたぶんそれとは別で、戦後における天皇制の構図を変えてしまおうという、いわば「革命的」な、それが言い過ぎならば「大きな改革」を起こそうという考えを持っていることが分かるのだ。

それはかつてヴァイニング夫人の勧めなのか、それとも彼女の周辺にいるクエーカー教徒たちや、あるいは小泉信三からの影響なのかといえば、そのどれか一人ではないだろう。自分を銀座に連れ出した同級生をも含めて、あるいは皇太子の成長していく時代空間の中で、そのすべてから教えられ、学ぶなかで自らの役割を覚ったはずである。それは戦争を避けること。人類最大の悪である戦争を徹底的に避けることこそ私の役目なのだ思い至り、そのために天皇としての自分が果たすべきことは何かと考え、国体と政体の関係を見つめ直したのだろう。

くどいほど書くが、民主主義体制がまず存在し、初めてその下に天皇制が健全に位置するのだという考え方は、戦後の国民の意識も代弁している。なかなか理解しにくいかもしれないが、これはとても重要なことだ。

そうした考え方の萌芽こそ、美智子妃との御結婚である。これまで皇室は皇太子の妃《きさき》を五摂家のみから選んできた。「恋愛」を避けてきたともいえる。まして一般の民間人から娶《めと》ることなど、考えも及ばないことだった。

この「新しい結婚」の可能性について目配りし、またその土壌をつくったのが、実は小泉信三を中心とする皇太子周辺の非軍事的グループである。この前例のない事態には旧体制側から異論も出たが、皇太子は自らの伴侶は自らで決めるという固い意思を頑強に守り通した。

皇太子が自分の好きな人を伴侶にするんだという信念を持って美智子妃を選んだことは、天皇家の、あるいは皇室の革命的変化だった。

民主主義下の天皇家におけるこうした新たな萌芽は、皇太子夫妻に第一子が誕生したことが契機となっている。徳仁《なるひと》親王（浩宮）が誕生したのは昭和三十五年（一九六〇）二月のこと。皇太子と美智子妃は、慣例を破って親王を自ら育てる道を選んだ。つまり初めて「家庭」という概念を皇室に持ち込み、子は誕生してすぐに引き離されて別居するという、天皇家の「非人間的」な常識を排したのだ。昭和天皇がその考えを了解し、支持したことは言うまでもないだろう。

民間から選んだ女性と恋愛結婚をし、子供が生まれたら家庭で育て、社会的には国民とともに歩む。国民の模範となる生き方をする。

憲法のなかでの天皇は、国民より一段高みにある「象徴」とされてはいるが、あえてそれとは別の存在と自らを位置づけ、「自分は国民とともにあるのだ」という信念を明確にしている。明治、大正、昭和の天皇とは様相を異にする。

民主主義体制を自覚している皇太子のこれらの選択は、たしかにヴァイニング夫人の考え方が大きく影響しているのは間違いない。つまり、「シビリアンとしての天皇」という概念を持ち込んでいるからである。

今までのように、天皇は神であり、国民をその神に仕える「臣下の者」として位置づけるような、それらすべての旧《ふる》い考えを排除し、「一市民」でありたい。そして、憲法上規定している「象徴」の枠内でその役割を果たしたい、という意味で言えば、独自の天皇像を初めて自らつくった天皇ではないかと思うのだ。

不戦を誓う天皇

明治天皇は伊藤博文や山縣有朋らとともに実際に政治を動かしながら手さぐりで天皇のあり方を確かめていったが、大正天皇と昭和天皇は御学問所をつくって「天皇として何をすべきか」という帝王学を徹底的に習った。

今上天皇がそうしたやり方を踏襲せず新しい形を明確にした希有な存在となったのは、そうすることで国民の信頼を得ることができるし、何よりも先帝らのように「戦争という選択」を臣下の者にせまられたくないというご自身の強い気持ちが下敷きになっているように思う。

天皇は、皇太子時代から自らの役割をよく自覚している。

先の戦争における日本の暴走の責任は、対外的にはすべて昭和天皇が引き受けさせられている。外遊先では日本軍が行った行為への恨みや憎しみが露わになり、必ずしも歓迎されないが、皇太子が赴くことにより、それがすべて中和される。

むしろそういうシビアな場所をこそ外遊先に選び、お言葉も慎重に吟味し、健全かつ純粋に謝罪し、真摯に追悼と慰霊に徹しきることで、皇太子は天皇の名代としての役割を引き受けたのではないかと思う。

皇太子は昭和四十年代から五十年代にかけてよく外遊されているが、アメリカを訪問した際には美智子妃とともにフィラデルフィアの老人施設で暮らすヴァイニング夫人の元を訪れている。年老いたかつての家庭教師に笑顔で接する皇太子ご夫妻の報道写真を見るたびに思うのだ。その場で通い合ったであろう感情は、「教師と生徒」という師弟関係を超えたものがあったはずだ。

すでに一つの考えを確立していた皇太子と、クエーカー教徒として信仰を貫く夫人である。それまでに過ぎた時間の重さを振り返れば、そのとき二人の間に独特の感情が流れたと思う。

ヴァイニング夫人は、占領された国へとその思想教育や宗教教育を施そうとして勇躍乗りこんだ女性というわけではなく、ただ人間としての生き方を皇太子らに問うた女性である。皇太子はそういった生き方を貫く彼女の話を聞き納得したうえで、自らの特殊な立場にそれらを採りいれ、そして新たな天皇像を創造していったのだろう。

美智子妃とともにヴァイニング夫人を訪ねた昭和四十年代から五十年代という時期は、まさにそれらが確立されていく途上にあったのではないだろうか。

繰り返しになるが、平成の天皇は、「平成」という名の帽子を被り、「平成」という時代の背広をまとって「平成」という時間空間のなかを生きている。だがそうでありながら、天皇の心の底は常に、「昭和は決して死んでいない」と主張している、そんな風に感じられるのだ。

それは昭和天皇の戦争責任を問い続けるのではない。昭和という時代にあれだけ暴力的に振る舞った軍の姿や、その一方で多くの生命、財産を投げ出した国民の姿、その傍らで軍部の横暴に手をこまねくばかりで何もできず、ただ議員であったというばかりの政治家たちの姿、皇太子はそれらを見つめ、「満足できる生き方とは何か」と自問した挙げ句、何らかの答えが得られたはずなのだ。

それを私なりに推測してみれば、かなり分かりやすい結論だと思う。

まず歴史に対して真摯に反省し、家族を大事に思い、人はそれぞれ何十年生きるのか分からないが、「与えられた人生は真っ正直に生きようじゃないか」と唱え、私たちをそう導こうとしていることが、今上天皇の一挙手一投足から感じられるのだ。そうすることにより、日本は新たな形の国家へと生まれ変われるのだという信念を強く感じるのだ。

そこにヴァイニング夫人の人間観が加味されているかというと、それほど単純ではない。彼女の思想、哲学、宗教観は永続性を持っているわけではなく、ある時代の、ある良心的な人々を鼓舞する、あるいは士気を高める意味はあったかもしれないが、そのすべてを満たしたような理想的社会は、作り得ない。

今の天皇が即位したのは平成元年（一九八九）一月七日である。その日から二十七年経って、天皇は私たちにさまざまな姿をお見せになっている。

大きな災害や天災などが起こると、すぐに被災者の元へ駆けつけ、見舞いの言葉をかける。阪神淡路大震災や東日本大震災のいずれのときもそうだった。

さらに、あらゆる軍事的な動き、傾向には忌避する視点をお持ちだということだ。なるべく軍事的な面に感情が流されないように律しているお気持ちを感じるのだ。

これはもっとも重要なことで、前項とも関係するが、天皇は少なくとも昭和の戦争を体験した誰よりも、もっとも戦争のことを考えている。そしてその反省も強い。それが証拠に、日本人が忘れてはならない四つの日を掲げていることはすでに「まえがき」にも書いた。「沖縄戦終結の日」、「広島原爆投下の日」、「長崎原爆投下の日」、「終戦の日」である。いかなることがあっても日本人はこの四つの日を忘れてはいけないと言い、天皇ご自身は宮中でそれらの日には、一日中蟄居している。

ここまでのことを国民に伝える天皇は、かつて存在しない。昭和天皇の兄弟である、秩父宮、高松宮、三笠宮でさえそのようなことを明確には言わなかった。皇室の多くの人々がそこまで踏み込もうとしていないのに、今の天皇のご発言からは強い信念を感じさせるのだ。つまり、歴史をきちんと検証することを、国民に呼びかけているのではないかとさえ感じさせられるのだ。

天皇が憲法から距離を置くとき

今上天皇は、それまでの天皇制の制度や仕組みを大きく変えた天皇だと言っていいだろう。そのことに関して、私は次のような理由をあげたい。

まず民主主義体制に天皇が従う形をつくっている。

さらに少々難しい問題になるのだが、人によっては、天皇は今の憲法は最高なのだからこそ絶対に守るべきだと言っているのではないかとし、「憲法を守るという天皇の発言はつまりは政治的ではないか」と言う人がいる。

だが果たしてそうだろうか。

天皇はどんな時代であれ、憲法の枠内に定められた自分の役割を守ると言っているのであって、今の憲法の「九条を守る」などと主張しているわけではない。いつの時代のどのような憲法であろうとも、私はそれを守って生きていくという意味である。補足説明が必要だろう。

ではたとえば大日本帝国憲法が今の憲法だったとして、それでも平成天皇は守ると言えるのか、ということだ。問題はここにある。

今の「日本国憲法」は、基本的人権を認め、個人の基本的な自由を尊重している。そうしたさまざまな自由を保証する憲法のなかに規定されているのが「象徴天皇」である。もし現憲法が否定されて、旧憲法のように天皇が主権者となり、軍の統帥権を持つようになったとしたら、さて平成天皇はそれでも「守る」と言えるのだろうか。

形としては、天皇はその憲法を守るべき立場にあると私は思う。しかし、たぶん今の天皇ならば、その新しくも後退した憲法から距離を置くことになるだろう。天皇が意思さえ持たず、心を閉ざせばどのような憲法だって守れるだろう。

しかし今上天皇は意思を持った。

それは十二歳で戦争が終わったあと、国をあげての戦争に対する反省がまずあり、ヴァイニング夫人の教育がそこに加わりつつ、その傍《かたわ》らで新憲法が作りあげられていく日本社会のプロセスを目撃している。つまり「戦後民主主義」が形になっていく様子を肌で知っているのである。

新憲法をそのプロセスもろとも受け入れた天皇が、仮に昔に先祖返りしたかのような憲法に戻ったとして、果たしてそれでも守るべき立場にあるのだろうか。もしそうなったらどのような態度をとられるのだろうか。

たぶん今上天皇は、「自分の信念としてこれは守れない」と、距離を置くような気がするのだ。

私たちは今その事を考えることなどほとんどないが、天皇の立場はそういうわけにはいかない。ヴァイニング夫人や学習院での戦後教育があり、新憲法における「象徴性」を国民との約束ごととして身につける過程で、それと一体化し、意思を持った存在に転化している。

天皇はそれを私たちに直接語ることはないけれど、しかしサイパンに行き、ペリリュー島でも瞑目されるなど、戦いで亡くなった人々へのそうした意思表示は、単なる追悼慰霊の意味を超え、「もう二度とこうしたことが起きないように」という切実な願いなのだ。

これは私たちが汲むべき問題でもある。

もっと言えば、天皇と私たちとの間に、思想とか、歴史観とか、政治などというものを介在させてはいけない。介在することそれ自体が「天皇の利用」につながるからである。実際に、大日本帝国憲法では、天皇は政治や軍事にさんざん利用されている。昭和天皇自身、そうした苦言を戦後になって何度も口にされている。

だから、今の天皇をまた旧《ふる》い形の憲法に押し込めて、またぞろ政治や思想や軍事などに利用されるようなことなど、あってはならない。その事を私たちは肝に銘じるべきである。

これまで叙述してきたように、天皇は言うがままに動くロボットではなく、天皇には天皇独自のお考えがあることを私たちは知ったうえで天皇を見つめ、そしてどのような存在であるべきなのか、それこそがこれから問われるべきことなのだと思う。

戦後に誕生した日本の民主主義は、これからも何世代か交代しながら受け継がれていくわけだが、時代が移り変わるなかでその内容は変容していくだろう。さまざまな考え方が生まれるなかで、天皇も理解を広め、自分の行動の基軸をそこへと持ってゆく。その際にどのようにご自分のなかで判断されるかということは、重要なことだ。

今はさしあたり問題にはなっていないが、これからもし天皇のお考えと食い違うような厳しい現実が浮かび上がるようなことがあったら、私たちは天皇が考えている意思を、どのように社会のなかで位置づけるのか、これはその時代の大きな試金石になると思うのだ。

今上天皇が代弁する民主主義

天皇は、どの時代にあっても、つねに世代の者たちの代弁者だった。そして天皇が我々世論から影響を受けているのと同時に、我々も天皇の影響を受けている。たとえば昭和天皇の時代には、昭和天皇によって影響を受けた庶民が存在し、また庶民は天皇を「神権化」し、崇拝することで天皇に影響を与えた。

昭和天皇が薨《こう》じられたとき、天皇と同い年の元兵士の一人が密かに自殺した。天皇と共に生き、天皇と共にこの世を去るのだと、そう言い遺して自ら命を絶った。天皇と庶民の関係とは、それほど密接になり得るという証拠だ。私は陛下と生死を共にするほどではないが、これまで述べてきたような天皇の考え方と自分を照らし合わせたとき、私のなかにもかなりの共通点があることに気づくのだ。

それは同時に、天皇が考えていることは、私たちが生きてきた時代の空気そのものと密接な関係にある。今上天皇について言えば、それは、ことヴァイニング夫人一人の問題ではなく、我々の上の世代の戦争に対する反省から来る教育であったり、あるいは敗戦から国が立ち上がり進歩していくときの、私たち個々の民主主義についての考え方が反映していたりするのだが、天皇と今を生きる私たちとの相互の関係は、ともに歴史のなかにあり、ともに存在したという率直な絆が重要になる。そうやって天皇とともにつくりあげたその時代の空気を、次の世代に伝えていく役割が私たちにはあるのだ。

ヴァイニング夫人が与えた教育をひと言でいえば、これまで何度もくり返してきたが、「シビリアンたれ」の一語に尽きる。

私たちにとってその言葉は、「自立した、自分独自の考えを持て」ということだ。天皇自身もその言葉通り、自分の考えを持って、歴代天皇とは異なる天皇像をつくった。

太平洋戦争の舞台となった地で追悼と慰霊の旅を続けるのは、戦いの非道を訴え、そのようなことが繰りかえされないように次の世代にも繋いでいきたいという強い気持ちの表れである。

次代への副読本

今の天皇のお考えの枠組みは、人類史のなかの先取りした部分がある。それは、天皇が社会の生産関係や経済システムの直接タッチしていないことに起因する。

私たち国民は生業として日々経済活動に関わっていて、その変動に伴って考え方も揺らぎ、大きく変質してゆく。良きにつけ悪しきにつけ、それまで気づかなかったことに気づくこともあるだろう。つまり、社会の利益、個人の利益、そこに環境の変化や打算が働き、ものの見方や考え方は刻々と変わりうる。

天皇はその点まったく無垢である。社会や経済の変動とは関係なく、一つの考え方を純粋に貫く自由を持っている。その純粋さこそ天皇の強みではあるが、その純粋な考えと姿勢に向き合ったとき、私たちはそれを額面通りの「崇高な理念」と見るのか、それとも「時代遅れの理想論」と断じるのか、それは個々人が天皇のお言葉や行動から汲みとる以外にない。

私は今の天皇と皇后に象徴される、お二人がおつくりになった君主像に対して、素朴な信頼感を持っているし、その信頼感が私自身のものの考え方の基盤にもなっている。

そういったことを含めて考えても、今上天皇の今が、ただ単にヴァイニング夫人の教育によってのみ推進されたと考えるのは浅薄だろう。

これまで述べてきたように、天皇・皇后が今のようなお考えにたどりついたのは、お二人自らのお力によるものだ。私たちはそのご努力に敬意を払い、自分の考えの縁《よすが》にしてゆくことが重要ではないかと思っている。

ヴァイニング夫人の教えた副読本の中に盛られた「民主主義とは何か」の教えには、重要なものもある。そういう副読本の日本版を、私たちが「戦後民主主義」の枠内でつくっていくことが、次代への贈り物だと思うのだ。

あとがき

今上天皇が学習院中等科時代に、ヴァイニング夫人からどのような教育を受けたのでしょうか。そのことをたとえば英語で用いた副読本などを通して分析していただけないだろうか——そんな話を武田頼政氏から受けたのは二〇一五年に入ってまもなくのころだった。私にとっては大いに興味のあるテーマである。

武田氏は、ヴァイニング夫人の『皇太子の窓』を丹念に読み、そのなかに紹介されている副読本を次々と入手し、私のもとに届けてきた。私は語学に強いほうではないが、中学生用の副読本なら読みこなせる。一冊ずつすべてを読んだわけではないが、何冊かに目を通しているうちにアメリカの少年たち（とくに一九四〇年代、五〇年代）がどのような教育を受けているか、大まかなことはわかった。彼らは日常の友人との交流、あるいは大人との対話によって自らが身につけるべき規範の枠組を理解していくのである。妙な言い方になるが、友情や家族愛などを単なる抽象的な枠組にとどめておくことをせずに、すべて現実社会の中から学ぶように組み立てられていることも知った。

そしてだいたいが馬とかロバ、あるいは犬などが出てきて、人間との間で心を通わせる筋立てになっている。その記述もアメリカの各州の訛りなども用いて、人はそれぞれ多様な存在であるが、しかし動物を慈しむ気持ち、友人が困ったときに助ける精神は共通していると説く。こういう環境の中でアメリカの少年、少女が育っていくことを、教育現場で教えることによって、自分たちの成長していく様子が確認されるのだ。

一例をあげるが、「ジョニーとロバ」や「ウィ・グロウ・アップ」などではラバやロバが、少年たちの労働（買い物の手伝い）の喜びや老いたラバに愛情を寄せる少年たちが描かれている。そういう少年たちに周囲の大人たちも寛容であることが必ず描写されている。

こうした副読本のなかには、たとえばアラバマ州の訛りなどが用いられていて、英文それ自体がわかりづらい文章もある。「ｉｆ」を「ｅｆ」と書いてあったりする。このようなアメリカ社会の生身の姿は、副読本を使うことによって初めて理解できるのである。ヴァイニング夫人は十冊余の副読本を用いることによって、単なる「英語教育」を行ったのではなく、英語を学ぶというのはその表現の手段として理解せよ、学ぶべきことはそれぞれの社会の中にある庶民生活の素朴な姿、それこそが尊いのだと語りたかったのではないか。

本書の記述は、ヴァイニング夫人の著作を参考にして進めている。

今上天皇が皇太子時代に、共に英語を学んだ学友のひとりは、このような副読本を手にとるや「なつかしい」とさかんに口にしていた。戦後の貧しい日本社会にあってアメリカから届いたこの副読本は、より際だって日本の立場を自覚させることになったというのである。ヴァイニング夫人は、生徒ひとりひとりの性格を見抜き、画一的に集団で教育を行ったのではなく、それぞれの個性を伸ばすように配慮していたことが窺えるというのであった。

ヴァイニング夫人が日本に着任するまでの経緯、日本に来てからも天皇家と密接な関係をもち、ときに助言役も務めた。そういう事実も抑えながら、その一方で夫人はすべてを「アメリカ式」にと変える傾向もあった。

もとよりヴァイニング夫人も完璧な教育者というわけではない。むろん並外れた感性と信仰心をもっていたことは間違いないにしても、その教育を刺激剤としながら、今上天皇は歴史を自覚する君主として、幅広い目をもつことに留意し、かつあの戦争の真の悲しみを肌身で感じとった。今も戦争犠牲者への追悼と慰霊をくり返している両陛下に、私はいっそうの畏敬の念を感じとれると思う。個々が天皇制と天皇を理解する鍵として本書が広く手にとられることを望みたい。

本書は武田頼政氏の熱意と尽力によって社会に送りだされることになった。武田氏とそのスタッフにも感謝を伝えたい。ありがとうございました。

なお本書では一部敬称略にしている。

平成二十七年（二〇一五）十一月

保阪正康

■天皇陛下の戦後七十年／年表

年	月日	皇室／ヴァイニング夫人の関連（太字は明仁天皇と夫人関連）	国内／海外
昭和20年（1945）	8月15日	天皇が戦争終結の詔書を放送（玉音放送）	鈴木内閣総辞職
	8月30日		連合国最高司令官マッカーサー厚木に到着
	9月2日		日本政府が米艦ミズーリ号艦上で降伏文書に調印
	9月27日	天皇がマッカーサーを訪問	
	10月2日		GHQ（連合国総司令部）が日比谷の第一生命相互ビルで執務を開始
	10月9日		幣原内閣成立
	10月11日		マッカーサーが民主化に関する五大改革を指令（婦人解放、労組の結成奨励、教育の自由主義化、秘密審問司法制度の撤廃、経済制度の民主化）
	10月24日		国際連合の発足
	12月17日		衆議院議員選挙法改正公布。婦人参政権、大選挙区制などを規定
	12月22日		労働組合法公布
	12月29日		第一次農地改革
昭和21年（1946）	1月1日	天皇、神格化を否定する詔書（人間宣言）	
	3月20日	**皇太子、学習院初等科卒業**	
	5月3日		極東国際軍事裁判（東京裁判）開廷
	5月19日		食料メーデーに25万人参加
	10月12日		日本史の授業墨塗り教科書で再開
	10月15日	**ヴァイニング夫人、皇太子明仁親王の英語の家庭教師として来日**	

	10月17日	**ヴァイニング婦人、昭和天皇・皇后に拝謁し、また皇太子（現天皇）に会う 最初の2年間、皇太子には週3回、個人授業を行い、皇太子のクラスの授業をも担当することとする。**	
	10月21日		第二次農地改革
	11月3日		日本国憲法公布
	12月19日		仏軍、ベトナム軍を攻撃。第一次インドシナ戦争開始
昭和22年（1947）	1月31日		GHQ、ゼネスト中止を命令
	3月31日		教育基本法・学校教育法公布。6・3・3・4制男女共学を規定
			新学制による小学校・中学校発足
	4月25日		第23回総選挙（社会143、自由131、民主121等）
	5月3日	**ヴァイニング夫人、アメリカ大使館での昼食会でマッカーサーに初めて会う**	
	6月1日		片山哲社会党首班内閣成立
	6月5日		米マーシャルプラン発表
	8月15日		インド独立
	10月14日	三直宮家（秩父宮、高松宮、三笠宮）以外の11宮家51人皇籍離脱	
	10月26日		改正刑法公布（不敬罪、姦通罪廃止）
	12月22日		改正民法公布（家制度を廃止）
昭和23年（1948）	1月30日		インドでガンジー暗殺
	3月15日		民主自由党結成（総裁吉田茂）
	5月15日		第一次中東戦争勃発

	6月24日		ソ連ベルリンへの陸上交通を遮断（ベルリン封鎖）
	6月28日		福井県に大地震
	8月15日		大韓民国成立
	9月9日		朝鮮民主主義人民共和国成立
	9月18日		全日本学生自治会総連合（全学連）結成
	11月12日		東京裁判、25被告に有罪判決
	12月18日		GHQ経済安定9原則発表（歳出引き締め、徴税強化など）
	12月23日	**皇太子15歳の誕生日**	東條英機らA級戦犯絞首刑
昭和24年（1949）	1月25日		コメコン（ソ連東欧5か国経済相互援助会議）設置
	3月26日	**皇太子、学習院中等科卒業**	
	4月4日		北大西洋条約機構（NATO）成立
	4月23日		GHQが1ドル360円の単一為替レート設定
	6月27日	**皇太子とマッカーサー対談（ヴァイニング夫人同席）**	
	10月1日		中華人民共和国成立
	11月3日		湯川秀樹、ノベル物理学賞受賞
昭和25年（1950）	6月25日		朝鮮戦争勃発
	7月8日		警察予備隊令公布
	7月11日		日本労働組合総評議会（総評）結成
	8月19日	天皇、ダレス宛「文書メッセージ」で公職追放解除を間接的に要請	
	12月7日	**ヴァイニング夫人、帰国の途につく（12月18日サンフランシスコ到着）**	
昭和26年（1951）	4月11日		マッカーサーが、トルーマン大統領により解任

	9月4日		サンフランシスコ講和会議開催
	9月8日		対日講和条約調印 日米安全保障条約調印
昭和27年（1952）	3月26日	皇太子、学習院高等科卒業	
	4月28日		講和条約・日米安全保障条約発効
	5月8日	ヴァイニング夫人執筆の『皇太子の窓』出版される	
	10月15日		保安隊発足
	11月10日	皇太子、立太子礼	
昭和28年（1953）	3月30日	皇太子、エリザベス二世の戴冠式参列のため横浜を出発	
	4月22日	ヴァイニング夫人、ニューヨーク入りした皇太子を歓迎し、英国に向かう皇太子を見送る	
	6月2日	エリザベス女王戴冠式	
	9月8日	皇太子、ワシントンに到着	
	9月10日	ヴァイニング夫人、日本大使館主催の歓迎の宴で、皇太子に会う	
	9月13日	皇太子がヴァイニング夫人の自宅滞在（16日まで）	
	9月17日	ヴァイニング夫人、21日までニューヨークとボストンでの皇太子の一行に同道し、皇太子を見送る	
	11月17日		日本自由党結成
昭和29年（1954）	1月2日	皇居一般参賀に38万人。二重橋で混乱し死者16人	
	3月8日		日米相互防衛援助（MSA）協定調印
	6月9日		自衛隊発足
	11月24日		日本民主党結成

昭和30年（1955）	5月24日	天皇、国技館で相撲観戦	
	10月13日		社会党統一
	11月15日		民主党、自由党が合流して自由民主党結成
昭和31年（1956）	10月19日		日ソ国交回復に関する共同宣言調印
	12月18日		国連総会、日本の国連加盟を全会一致で承認
昭和32年（1957）	2月25日		岸信介内閣成立
	9月1日	**ヴァイニング夫人、ペンクラブ国際大会に出席のため（1日から6日まで）日本を訪問し、天皇・皇后両陛下に拝謁し、皇太子らにも会う（10月15日に帰国）**	
	10月4日		ソ連、人工衛星スプートニク1号打ち上げ成功
昭和33年（1958）	11月14日	**ヴァイニング夫人、皇太子のご婚約を知らせる小泉信三からの書簡を受け取る**	
	11月27日	**宮内庁、皇太子明仁と正田美智子の婚約を発表**	
	12月23日		東京タワー完工式
昭和34年（1959）	1月1日		キューバ革命
	4月10日	**皇太子のご成婚式。ヴァイニング夫人は列席のために来日し2週間滞在**	
	9月26日		伊勢湾台風
昭和35年（1960）	5月26日		安保改定反対の国会前デモ（17万人）
	6月19日		33万人が国会包囲する中で新安保条約が自然成立
	9月27日	**ヴァイニング夫人、アイゼンハワー大統領の招待で訪米した皇太子夫妻らとホワイト・ハウスで会食**	
	10月12日		浅沼社会党委員長、右翼少年に刺殺される
昭和36年（1961）	4月19日		米駐日大使にライシャワー着任
	6月12日		農業基本法公布

	8月13日	東ドイツ、ベルリンの壁構築
	11月2日	第一回日米貿易経済合同委員会開催
昭和37年(1962)	10月5日	政府、全国総合開発計画を決定
	10月22日	キューバ危機
昭和38年(1963)	8月15日	政府主催の第一回全国戦没者追悼式を日比谷公会堂で挙行
	11月22日	米ケネディ大統領、ダラスで暗殺
昭和39年(1964)	4月1日	日本、IMF8条国に移行
	10月1日	東海道新幹線開業(東京-大阪間)
	10月10日	第18回オリンピック東京大会開催(10月24日まで)
昭和40年(1965)	2月7日	米、ベトナム北部への空爆開始
	6月22日	日韓基本条約と付属の協定に調印
	8月19日	佐藤首相、首相として戦後初めての沖縄訪問
昭和41年(1966)	8月18日	中国、北京で文化大革命勝利祝賀紅衛兵100万人集会
昭和42年(1967)	2月11日	初の「建国記念の日」
	7月1日	ヨーロッパ共同体(EC)成立
	8月8日	東南アジア諸国連合(ASEAN)結成
	12月11日	佐藤首相が非核3原則(核を製造せず、持たない、持ち込みを許さない)を言明
昭和43年(1968)	1月19日	米原子力空母「エンタープライズ」佐世保入港
	4月4日	米で、黒人指導者キング牧師暗殺
	6月26日	小笠原諸島、日本に復帰
昭和44年(1969)	1月18日	警視庁、東大安田講堂の封鎖解除に出動

年	月日	事項	社会の出来事
	5月26日		東名高速道路全通（346.7㎞）
	6月18日	**ヴァイニング夫人、ベトナム戦争に反対するクエーカー教徒16人の反戦デモに参加し逮捕される**	
	7月20日		米、アポロ11号月面着陸
	10月15日		全米にベトナム反戦デモ
昭和45年（1970）	3月5日		核兵器不拡散条約（NPT）発効
	3月14日		大阪千里で日本万国博覧会開幕
昭和46年（1971）	6月17日		沖縄返還協定調印式
	9月27日	天皇・皇后、欧州7か国を訪問	
昭和47年（1972）	2月3日		第11回冬季オリンピック、札幌で開催（2月13日まで）
	5月15日		沖縄の施政権返還、沖縄県発足
	9月29日		日中共同声明に調印、日中国交樹立
	11月15日	**ヴァイニング夫人、ペンクラブの招待で12月10日まで来日、天皇・皇后・皇太子に拝謁**	
昭和48年（1973）	8月8日		金大中事件
昭和49年（1974）	5月18日		インドが初の地下核実験
昭和50年（1975）	4月30日		南ベトナム、サイゴン政府降伏
	5月7日	エリザベス女王夫妻、初来日	
	7月17日	**皇太子夫妻、沖縄のひめゆりの塔参拝中、火炎ビンを投げられる**	
	9月30日	天皇・皇后、初の訪米に出発（10月14日帰国）	
昭和51年（1976）	7月27日		ロッキード事件で田中前首相逮捕
	11月10日	天皇在位50年式典が日本武道館で開催される	
昭和53年（1978）	8月12日		日中平和友好条約調印

昭和54年（1979）	6月28日		第5回先進国首脳会議（東京サミット）開催
昭和55年（1980）	5月21日		韓国、光州事件
昭和56年（1981）	7月29日		チャールズ英皇太子とダイアナ嬢が結婚
昭和57年（1982）	6月23日		東北新幹線開業
昭和58年（1983）	1月19日		訪米中の中曽根首相が「日本列島不沈空母化」発言
	9月1日		大韓航空機撃墜事件
昭和59年（1984）	9月6日	韓国大統領全斗煥来日。宮中晩さん会で天皇、「両国の間に不幸な過去が存したことは誠に遺憾」と声明	
昭和60年（1985）	10月11日		政府、国鉄の6分割・民営化を骨子とする「国鉄改革のための基本方針」を決定
昭和61年（1986）	4月26日		ソ連、チェルノブイリ原発事故
	4月29日	天皇在位60年記念式典を両国国技館で開催	
	5月4日		第12回先進国首脳会議、東京で開催（東京サミット）
昭和62年（1987）	4月1日		国鉄が114年の歴史を閉じ、分割民営化。JR6社等発足
	9月22日	天皇、腸通過障害で手術。初の沖縄訪問中止	
	11月8日	**皇太子夫妻訪米。ニューヨーク領事館でヴァイニング夫人と再会**	
昭和63年（1988）	9月19日	天皇、吐血して容態が急変。	
	9月22日	閣議で全国事行為の皇太子への委任を決定	
	10月1日		天皇の容態悪化で行事・興業・広告・宣伝などの自粛相次ぐ
昭和64年／平成1年（1989）	1月7日	天皇、十二指腸部腺癌で午前6時33分死去（87歳）	
	1月8日	**皇太子明仁即位、平成と改元**	
	2月24日	昭和天皇大喪の礼。新宿御苑で実施。	

	8月25日	天皇の次男礼宮と学習院大学大学院生川島紀子の婚約発表される	
	11月9日		東ドイツ、ベルリンの壁を撤去
平成2年（1990）	11月12日	**天皇、即位の礼**	
平成3年（1991）	1月20日		湾岸戦争
	12月26日		ソ連最高会議共和国会議でソ連消滅宣言採択
平成4年（1992）	10月23日	**天皇ご夫妻、初の訪中。中国の晩さん会で「中国国民に対し多大の苦難を与えた不幸な一時期」につき「深く悲しみとする」と反省の発言**	
平成5年（1993）	4月23日	**天皇・皇后、歴代初の沖縄訪問**	
	6月9日	徳仁皇太子と小和田雅子、結婚式	
平成7年（1995）	1月17日		阪神・淡路大震災
	3月20日		営団地下鉄線車内で猛毒サリン事件
	8月15日		村山首相、戦後50年の談話で「植民地支配と侵略」につきアジア諸国にお詫び
平成9年（1997）	7月1日		香港が英国から中国に返還
平成10年（1998）	2月7日		第18回冬季オリンピック長野大会開幕（2月22日まで）
平成11年（1999）	8月13日		日の丸・君が代を国旗・国家とする法律が公布施行
	11月27日	ヴァイニング夫人97歳で死去	
平成13年（2001）	5月15日	宮内庁、皇太子妃雅子懐妊を発表	
	9月11日		米で同時多発テロ
	12月1日	皇太子妃雅子、敬宮愛子を出産	
平成14年（2002）	12月28日	**宮内庁、天皇の前立腺がん発表**	

平成16年（2004）	5月10日	皇太子、「雅子のキャリアや人格を否定するような動きが」と発言	
	11月30日	秋篠宮、皇太子に対し異例の苦言	
	12月26日		スマトラ沖M9地震、インド洋で大津波
	12月30日	紀宮清子婚約発表（東京都職員　黒田慶樹）	
平成17年（2005）	6月28日	**天皇・皇后、サイパンを慰霊訪問**	
平成18年（2006）	9月6日	秋篠宮紀子、男児を出産（9月12日に悠仁と命名）	
平成20年（2008）	9月15日		リーマン・ショック
平成21年（2009）	11月12日	**御在位二十年記念式典**	
	12月15日	**習近平中華人民共和国副主席と会見**	
平成23年（2011）	3月11日		東日本大震災
	3月16日	**東北地方太平洋沖地震（東日本大地震）に鑑み、国民、被災者へのビデオメッセージを放送** **天皇が直接放送を行うのは１９４５年の昭和天皇の玉音放送以来**	
平成24年（2012）	2月18日	**天皇、冠動脈のバイパス手術**	
	5月16日	**英国女王エリザベス2世の招待で、同女王即位60周年の記念午餐会に出席のため訪英**	
平成25年（2013）	11月30日	**２０１２年の日印国交樹立60周年を契機とする、インド政府からの招待で訪印**	
平成27年（2015）	1月1日	**天皇が「満州事変に始まる」と異例のお言葉**	
	4月8日	**戦後70年にあたり、戦没者を慰霊し平和を祈念するためパラオを訪問**	
	8月14日		安倍晋三首相「戦後七十年談話」発表

編　　集　武田頼政
校　　閲　松山　久
　〃　　　皆川　秀
DTP制作　三協美術

天皇のイングリッシュ
2015年12月25日　第1版第1刷

著　者　保阪正康
発行者　後藤高志
発行所　株式会社廣済堂出版
〒104－0061　東京都中央区銀座3－7－6
電話 03-6703-0964(編集)　03-6703-0962(販売)
Fax 03-6703-0963(販売)
振替 00180-0-164137
http://www.kosaido-pub.co.jp

印刷所
製本所　株式会社廣済堂

装　幀　株式会社オリーブグリーン
ロゴデザイン　前川ともみ＋清原一隆(KIYO DESIGN)

ISBN978-4-331-51991-2